川派中医药名家系列丛书

张晓云

主编 ◎ 谢 荭

西南交通大学出版社
·成 都·

图书在版编目（CIP）数据

川派中医药名家系列丛书. 张晓云 / 谢荃主编.
成都：西南交通大学出版社，2024.8. -- ISBN 978-7-5643-9985-6

Ⅰ.K826.2；R249.7

中国国家版本馆 CIP 数据核字第 2024JB8228 号

Chuanpai Zhongyiyao Mingjia Xilie Congshu　Zhang Xiaoyun
川派中医药名家系列丛书　　张晓云

主编 / 谢　荃	策划编辑 / 张少华　黄淑文　李芳芳
	责任编辑 / 赵永铭
	封面设计 / 原谋书装

西南交通大学出版社出版发行
（四川省成都市金牛区二环路北一段 111 号西南交通大学创新大厦 21 楼　610031）
营销部电话：028-87600564　　028-87600533
网址：http://www.xnjdcbs.com
印刷：四川煤田地质制图印务有限责任公司

成品尺寸　170 mm×240 mm
印张　11　　插页　4
字数　175 千
版次　2024 年 8 月第 1 版　　印次　2024 年 8 月第 1 次

书号　ISBN 978-7-5643-9985-6
定价　52.00 元

图书如有印装质量问题　本社负责退换
版权所有　盗版必究　举报电话：028-87600562

张晓云标准照

与学生合影一

与学生合影二

四川省中医药管理局田兴军局长为张晓云教授项目授牌

成都中医药大学2019年度人物——余曙光校长为张晓云教授颁奖

与国医大师刘敏如教授合影

与国医大师陈绍宏教授合影

第三届四川省十大名中医表彰现场

编 委 会

《川派中医药名家系列丛书》编委会

总 主 编：田兴军　　杨殿兴

副总主编：李道丕　　张　毅　　和中浚

总 编 委：尹　莉　　陈　莹

编写秘书：彭　鑫　　贺　飞　　邓　兰

《张晓云》编委会

主　　编：谢　荃

副 主 编：李艳青　　张　怡

编　　委：金　伟　　张　宏　　黄　斌

　　　　　郭晓辉　　张　玉　　张　洪

　　　　　宋　洋　　于晓敏　　孟凡林

　　　　　陈　勇　　莫俊峰　　侯维维

总序——加强文化建设，唱响川派中医

四川，雄踞我国西南，古称巴蜀，成都平原自古就有天府之国的美誉，天府之土，沃野千里，物华天宝，人杰地灵。

四川号称"中医之乡、中药之库"，巴蜀自古出名医、产中药，据历史文献记载，从汉代至明清，见诸文献记载的四川医家有1000余人，川派中医药影响医坛2000多年，历久弥新；川产道地药材享誉国内外，业内素有"无川（药）不成方"的赞誉。

医派纷呈，源远流长

经过特殊的自然、社会、文化的长期浸润和积淀，四川历朝历代名医辈出，学术繁荣，医派纷呈，源远流长。

汉代以涪翁、程高、郭玉为代表的四川医家，奠定了古蜀针灸学派，郭玉为涪翁弟子，曾任汉代太医丞。涪翁为四川绵阳人，曾撰著《针经》，开巴蜀针灸先河，影响深远。1993年，在四川绵阳双包山汉墓出土了最早的汉代针灸经脉漆人；2013年，在成都老官山再次出土了汉代针灸漆人和920支医简，带有"心""肺"等线刻小字的人体经穴髹漆人像是我国考古史上首次发现，应是迄今我国发现的最早、最完整的经穴人体医学模型,其精美程度令人咋舌!又一次证明了针灸学派在巴蜀的渊源和影响。

四川山清水秀,名山大川遍布。道教的发祥地青城山、鹤鸣山就坐落在成都市。青城山、鹤鸣山是中国的道教名山,是中国道教的发源地之一,自东汉以来历经2000多年,不仅传授道家的思想,道医的学术思想也因此启蒙产生。道家注重炼丹和养生,历代蜀医多受其影响,一些道家也兼行医术,如晋代蜀医李常在、李八百,宋代皇甫坦,以及明代著名医家韩懋(号飞霞道人)等,可见丹道医学在四川影响深远。

川人好美食,以麻、辣、鲜、香为特色的川菜享誉国内外。川人性喜自在休闲,养生学派也因此产生。长寿之神——彭祖,号称活了800岁,相传他经历了尧舜夏商诸朝,据《华阳国志》载,"彭祖本生蜀""彭祖家其彭蒙",由此推断,彭祖不但家在彭山,而且他晚年也落叶归根于此,死后葬于彭祖山。彭祖山坐落在眉山市彭山区,彭祖的长寿经验在于注意养生锻炼,他是我国气功的最早创始人,他的健身法被后人写成《彭祖引导法》;他善烹饪之术,创制的"雉羹之道"被誉为"天下第一羹",屈原在《楚辞·天问》中写道:"彭铿斟雉,帝何飨?受寿永多,夫何久长?"反映了彭祖在推动我国饮食养生方面所做出的贡献。五代、北宋初年,著名的道教学者陈希夷,是四川安岳人,著有《指玄篇》《胎息诀》《观空篇》《阴真君还丹歌注》等。他注重养生,强调内丹修炼法,将黄老的清静无为思想、道教修炼方术和儒家修养、佛教禅观汇归一流,被后世尊称为"睡仙""陈抟老祖"。现安岳县有保存完整的明代陈抟墓,有陈抟的《自赞铭》,这是全国独有的实物。

四川医家自古就重视中医脉学,成都老官山2012年冬出土的汉代医简中就有《逆顺五色脉臧验精神》一书,其余几部医简经整理定名为《脉书·上经》《脉书·下经》《刺数》《𤵆理》《治六十病和齐汤法》《疗马书》。学者经初步考证推断极有可能为扁鹊学派已经亡佚的经典书籍。扁鹊是脉学的倡导者,而此次出土的医书中脉学内容占有重要地位,一起出土的还有用于经脉教学的人体模型。唐代杜光庭著有脉学专著《玉函经》三卷,以后王鸿骥的《脉诀采真》、廖平的《脉学辑要评》、许宗正的《脉学启蒙》、张骥的《三世脉法》等，均为脉诊的发展做出了贡献。

昝殷，唐代四川成都人。昝氏精通医理，通晓药物学，擅长妇产科。唐大中年间，他将前人有关经、带、胎、产及产后诸证的经验效方及自己临证验方共378首，编成《经效产宝》三卷，是我国最早的妇产学科专著。加之北宋时期的著名妇产科专家杨子建（四川青神县人）编著的《十产论》等一批妇产科专论，奠定了巴蜀妇产学派的基石。

宋代，以四川成都人唐慎微为代表撰著的《经史证类备急本草》，集宋代本草之大成，促进了本草学派的发展。宋代是巴蜀本草学派的繁荣发展时期，陈承的《补注神农本草并图经》，孟昶、韩保昇的《蜀本草》等，丰富、发展了本草学说，明代李时珍的《本草纲目》正是在此基础上产生的。

宋代也是巴蜀医家学术发展最活跃的时期。四川成都人、著名医家史崧献出了家藏的《灵枢》，校正并音释，定名为《黄帝素问灵枢经》并由朝廷刊印颁行，为中医学发展做出了不可估量的贡献，可以说，没有史崧的奉献就没有完整的《黄帝内经》。虞庶撰著的《难经注》、杨康侯的《难经续演》，为医经学派的发展奠定了基础。

史堪，四川眉山人，为宋代政和年间进士，官至郡守，是宋代士人而医的代表人物之一，与当时的名医许叔微齐名，其著作《史载之方》为宋代重要的名家方书之一。同为四川眉山人的宋代大文豪苏东坡，也有《苏沈内翰良方》（又名《苏沈良方》）传世，是宋人根据苏轼所撰《苏学士方》和沈括所撰《良方》合编而成的中医方书。加之明代韩懋的《韩氏医通》等方书，一起成为巴蜀医方学派的代表。

四川盛产中药，川产道地药材久负盛名，以回阳救逆、破阴除寒的附子为代表的川产道地药材，既为中医治病提供了优良的药材，也孕育了以附子温阳为大法的扶阳学派。清末四川邛崃人郑钦安提出了中医扶阳理论，他的《医理真传》《医法圆通》《伤寒恒论》为奠基之作，开创了以运用附、姜、桂为重点药物的温阳学派。

清代西学东渐，受西学影响，中西汇通学说开始萌芽，四川成都人唐宗海以敏锐的目光捕捉西学之长，融汇中西，撰著了《血证论》《医经精义》《本草问答》《金匮要略浅注补正》《伤寒论浅注补正》，后人汇为《中西汇通医书五种》，成为"中西汇通"的第一种著作，也是后来人们将主张中西医兼容思想的医家称为"中西医汇通派"的由来。

名医辈出，学术繁荣

新中国成立后，历经沧桑的中医药受到党和国家的高度重视，在教育、医疗、科研等方面齐头并进，一大批中医药大家焕发青春，在各自的领域里大显神通，中医药事业欣欣向荣。

四川中医教育的奠基人——李斯炽先生，在1936年创办的"中央国医馆四川分馆医学院"（简称"四川国医学院"）中，先后担任过副院长、院长，担当大任，艰难办学，为近现代中医药人才的培养立下了汗马功劳。该院为国家批准的办学机构，虽属民办但带有官方性质。四川国医学院也是成都中医学院（现成都中医药大学）的前身，当时汇集了一大批中医药的仁人志士，如内科专家李斯炽、伤寒专家邓绍先、中药专家凌一揆等，还有何伯勋、杨白鹿、易上达、王景虞、周禹锡、肖达因等一批蜀中名医，可谓群贤毕集，盛极一时。共招生13期，培养高等中医药人才1000余人，这些人后来大多数都成为新中国成立后的中医药领军人物，成了四川中医药发展的功臣。

1955年国家在北京成立了中医研究院，1956年在全国西、北、东、南各建立了一所中医学院，即成都、北京、上海、广州中医学院。成都中医学院第一任院长由周恩来总理亲自任命。李斯炽先生继担任四川国医学院院长之后又成为成都中医学院的第一任院长。成都中医学院成立后，在原国医学院的基础上，又汇集了一大批有造诣的专家学者，如内科专家彭履祥、冉品珍、彭宪章、傅灿冰、陆干甫，伤寒专家戴佛延，医经专家吴棹仙、李克光、郭仲夫，中药专家雷载权、徐楚江，妇科专家卓雨农、曾敬光、唐伯渊、王祚久、王渭川，温病专家宋鹭冰，外科专家文琢之，骨、外科专家罗禹田，眼科专家陈达夫、刘松元，方剂专家陈潮祖，医古文专家郑孝昌，儿科专家胡伯安、曾应台、肖正安、吴康衡，针灸专家余仲权、薛鉴明、李仲愚、蒲湘澄、关吉多、杨介宾，医史专家孔健民、李介民，中医发展战略专家侯占元等。真可谓人才济济，群星灿烂。

北京成立中医高等院校、科研院所后，为了充实首都中医药人才的力量，四川一大批中医名家进驻北京，为国家中医药的发展做出了巨大贡献，也展现了四川中医的风采！如蒲辅周、任应秋、王文鼎、王朴城、王伯岳、冉雪峰、杜自明、李重人、叶心清、龚志贤、方药中、沈仲圭等，各有专精，影响广泛，功勋卓著。

北京四大名医之首的萧龙友先生，为四川三台人，是中医界最早的学部委员（院士，1955年）、中央文史馆馆员（1951年），集医道、文史、书法、收藏等于一身，是中医界难得的全才！其厚重的人文功底、精湛的医术、精美的书法、高尚的品德，可谓"厚德载物"的典范。2010年9月9日，故宫博物院在北京为萧龙友先生诞辰140周年、逝世50周年，隆重举办了"萧龙友先生捐赠文物精品展"，以缅怀和表彰先生的收藏鉴赏水平和拳拳爱国情怀。萧龙友先生是一代举子、一代儒医，精通文史，书法绝伦，是中国近代史上中医界的泰斗、国学家、教育家、临床大家，是四川的骄傲，也是我辈的楷模！

追源溯流，振兴川派

时间飞转，掐指一算，我自1974年赤脚医生的"红医班"始，到1977年大学学习、留校任教、临床实践、跟师学习、中医管理，入中医医道已40年，真可谓弹指一挥间。俗曰：四十而不惑，在中医医道的学习、实践、历练、管理、推进中，我常常心怀感激，心存敬仰，常有激情冲动，其中最想做的一件事就是将这些中医药实践的伟大先驱者，用笔记录下来，为他们树碑立传、歌功颂德！缅怀中医先辈的丰功伟绩，分享他们的学术成果，继承不泥古，发扬不离宗，认祖归宗，又学有源头，师古不泥，薪火相传，使中医药源远流长，代代相传，永续发展。

今天，时机已经成熟，四川省中医药管理局组织专家学者，编著了大型中医专著《川派中医药源流与发展》，横跨2000年的历史，梳理中医药历史人物、著作，以四川籍（或主要在四川业医）有影响的历史医家和著作为线索，理清历史源流和传承脉络，突出地方中医药学术特点，认祖归宗，发扬传统，正本清源，继承创新，唱响川派中医药。其中，"医道溯源"是以"民国"前的川籍或在川行医的中医药历史人物为线索，介绍医家的医学成就和学术精华，作为各学科发展的学术源头。"医派医家"是以近现代著名医家为代表，重在学术流派的传承与发展，厘清流派源流，一脉相承，代代相传，源远流长。《川派中医药源流与发展》一书，填补了川派中医药发展整理的空白，集四川中医药文化历史和发展现状之大成，理清了川派学术源流，为后世川派的研究和发展奠定了坚实的基础。

我们在此基础上，还编著了"川派中医药名家系列丛书"，汇集了一大批近现代四川中医药名家，遴选他们的后人、学生等整理其临床经验、学术思想编辑成册。预计编著一百人，这是一批四川中医药的代表人物，也是难得的宝贵文化遗产，今天，经过大家的齐心努力终于得以付梓。在此，对为本系列书籍付出心血的各位作者、出版社编辑人员一并致谢！

由于历史久远，加之编撰者学识水平有限，书中罅、漏、舛、谬在所难免，敬望各位同仁、学者，提出宝贵意见，以便再版时修订提高。

中华中医药学会　　副会长
四川省中医药学会　　会长
四川省中医药管理局　　原局长
成都中医药大学教授　　博士导师

2015年春初稿
2022年春修定于蓉城雅兴轩

序言

四川素有"中医之乡，中药之库"的美誉。在成都中医药大学附属医院急诊科，就汇集了一大批学术造诣精深的中医药专家学者，国医大师陈绍宏、四川省十大名中医张晓云等便是其中之佼佼者。

张晓云教授1976年毕业于成都中医药大学中医专业，随即进入成都中医药大学附属医院，从事中医急诊临床、科研、教学工作。先后担任成都中医药大学附属医院大内科暨急诊科主任，现为主任中医师/教授、博士生导师，国务院特殊津贴获得者，曾获全国医德标兵、全国卫生计生系统先进工作者、四川省学术和技术带头人、第三届四川省十大名中医、四川省卫生计生领军人才等荣誉称号。

张晓云教授是我国著名中医急诊学专家，为人正直谦逊，精诚从医，学问求真，医德高尚。从事中医急诊临床、科研和教学一线工作近50年，她秉承急诊前辈治学严谨、刻苦钻研的精神，开拓创新，充分发挥中医药在治疗急性病和重大疾病中的优势，为中医急诊事业倾注了毕生精力。

无论是2013年的"非典"还是2020年的"新冠肺炎"，中医药在重大疫情急危重症防控中都发挥了重大作用。通过运用中医药降低了病死率和重症发生率，缩短治疗周期，减少西药毒副作用。新冠肺炎疫情防控指南中提出的"三药三方"，均体现了中医辨证论治的特色。党的十八大以来，以习近平同志为核心的党中央强调中医药是中华民族的瑰宝，把中医药工作摆在更加突出的位置，提出坚持中西医并重，推动中医药和西医药相互补充、协调发展，推动中医药事业和产业高质量发展，做好中医药守正创新、传承发展工作。

欣闻《川派中医药名家系列丛书·张晓云》一书即将付梓，十分高兴，且感触良多。回想起与张晓云教授相知相识的三十多年，仍历历在目。她作为中医急诊事业的接班人，坚持传承精华，守正创新，联合新甘云贵川渝桂等西部十省、自治区、直辖市，搭建利益共享、责任共担的中医急诊医疗联盟，进一步构建了中医急诊工作新格局。学术上注重传承与创新相结合，秉承"六经为纲、八纲为领，辨证论治、异病同治，成方配伍、以方论治，方药简专、知常达变"的思想；临证中注重"辨证"与"辨病"的关系；用药上遵循"方从法出，法随证立"的原则。教学上遵循教学相长、共同进步原则，德润后贤，不遗余力培育新人，桃李满天下。

《川派中医药名家系列丛书·张晓云》一书，汇集张晓云教授的临床思路与选方用药风格，彰显其治疗急危重症与疑难病证的学术主张和潜方用药思路。吾品读全书，感悟颇深。全书内容丰富，既有医理阐述，又有临床经验介绍，还有医案赏析，具有很强的可读性和临床指导价值，对于杏林后学颇有裨益，故乐为之序。

国家中医药歧黄工程歧黄学者首席科学家
国家重点基础研究（973）计划项目首席科学家
成都中医药大学原校长、终身教授

2022 年 7 月

编写说明

成都中医药大学附属医院张晓云教授会通中西,学验俱丰,她治学态度严谨,注重中医理论与实践结合,在继承中创新,主张继承不泥古、发扬不离宗的科学态度。张晓云教授,平时我们都亲切尊称其为"张老",从医近50载,她认为"方从法出,法随证立",在临床上采取"辨证"与"辨病"相结合,以客观、真实的四诊合参为基础,强调辨证准确,分清表里寒热虚实与邪正盛衰,抓住疾病的本质,做到治病求本,遵循"方证对应",即"有是证用是方"的原则,注重以成方配伍治疗疾病,收到良好的临床疗效。

我于2006年9月开始攻读成都中医药大学中医急诊专业博士学位,导师是陈绍宏教授。因为是临床学位,我的大部分时间都在附属医院急诊临床岗位上观摩学习。我硕士阶段是基础专业,因我临床知识薄弱,动手能力差,加上而立之年仍毫无经济基础,刚开始可谓心急如焚、内外交煎。在此期间,张老给予我无微不至的关怀,在她的不断鼓励下,我逐渐掌握了急诊临床知识和技能,适应了急诊的快节奏和高要求。2009年7月博士毕业后,我很荣幸地留在附属医院急诊科参加工作。2017年12月国家中医药管理局第六批全国老中医药专家学术经验继承项目立项，我与张怡正式成为张老中医药学术继承人。三年期间通过门诊跟师、学术沙龙、促膝交流等多种形式跟师互动学习，张老毫不吝地的将自己几十年的临床经验倾囊相授，让我们再次提升了对中医、中药的深入领悟。恰逢2018年四川省中医药管理局组织申报中医药科研专项，我申报的"张晓云学术思想及临床经验整理研究"获立项支持，于是此书的编写便提上日程。

  本书的编写得到了张老及众多门人弟子的大力协助。为了更好地传承张老宝贵的临床经验，我们对收集的部分现有资料开展整理工作，并按照四川省中医药管理局的要求，以张老的典型病案、论文、书稿等为研究对象，从张老生平、学术成就、临证经验、医话医案、学术传承等方面分别进行归纳和总结，如实展示她的经验和学术主张。编写张老的临床医案，是为了更具体地研究她的临床思路及选方用药风格。她关于部分疾病的认识、相关中医药理论、源流和发展、特色的思想体系等论述，我们将之收入"医话"部分；另外，"医话"部分还包括了张老关于基础理论和疾病诊疗思路的一些重要论文。希望本书能切实地反映传承张老的学术主张及临床经验，为后学提供一些临床诊疗疾病的思路。

  本书在编写过程中承蒙高培阳、卢云教授多次指导，在此诚挚感谢。本书在四川省中医药管理局的指导和资助下，得以呈现于读者，在此致以深深的谢意。因本人水平有限，书中难免存在不当之处，恳请读者提出宝贵意见，以便再版时修订提高。

谢 荃

2022 年 7 月

目录

001　生平简介

003　一、个人简历
003　二、担任职务
004　三、科研与教学
005　四、代表论著
006　五、学术主张及经验
007　六、海外交流

009　临床经验

011　一、医案
063　二、医　话

111　学术思想

113　一、尊崇经典，倡导经方
115　二、谨守阴阳，治病求本
116　三、重视元气与培元固本的重要性

118	四、诊疗慢性肺系疾病的学术思想
120	五、"气血冲和，百病不生"：肝脾不和的学术思想
123	**学术传承**
129	**论著提要**
131	一、《中西医临床危重病学》（2012年）
131	二、《中西医结合急救医学临床研究》
131	三、《中医急重症学》（2012年）
132	四、《中医急诊学》（2016年）
132	五、《中西医结合急诊内科学》（2017年）
132	六、《中医急诊临床研究》（2009年）
135	**学术年谱**
144	**附录：诊余轶事**
144	一、中医缘 大医情——记大美医者张晓云
148	二、向死而生
151	三、给张晓云老师的一封信
154	四、张晓云获评全国卫生计生系统先进工作者新闻稿（2017年）
157	**参考文献**

生平简介

川派中医药名家系列丛书

张晓云

一、个人简历

张晓云（1953—），女，四川乐山人，出生于书香门第。1976 年以优异成绩毕业于成都中医学院（现成都中医药大学）医学系，毕业后留本校附属医院工作至今。先后到浙江省人民医院、华西医科大学附属医院（现四川大学华西医院）进修 2 年，1984 年响应陈绍宏教授号召，作为助手共同建立急诊科。1994 年晋升副主任中医师，任急诊科副主任；2000 年晋升主任中医师；2009 年起担任急诊科主任、大内科主任、内科系主任，与科室人员一道，把原先只有门诊部的急诊科建设成为集院前急救、急诊门诊、急诊病房、急诊监护室（EICU）、经典病房、急诊教研室、急救研究室、国家名中医工作室八位一体的综合性科室，专业覆盖神经、呼吸、消化、心血管等系统的急性、危重性、复合型疾病及各种创伤性疾病的急诊急救。张老治学严谨，刻苦钻研，孜孜不倦，以精湛的医术深得病家称赞和喜爱，以高尚的职业道德和情操赢得同事的尊敬和爱戴，先后荣获"全国卫生计生系统先进工作者""全国医德标兵""全国最美中医""四川省卫生行业领军人才""四川省有突出贡献中青年专家""四川省卫生系统学术和技术带头人""四川省十大名中医""四川省名中医"等荣誉称号。张老传承创新，锐意进取，巩固了成都中医药大学附属医院急诊科在全国中医急症医疗、教学、科研综合实力的领先地位，为四川中医急诊开创了新局面。

二、担任职务

任急诊科主任，大内科/内科系主任，全国中医急症医疗中心主任，第五、六批全国老中医药专家学术经验继承工作指导老师。现任中华中医药学会急诊分会/脑病分会副主任委员，中国民族医药学会急诊分会/脑病分会副会长，中国医师协会中西医结合急诊专委会副主任委员，世界中医药学会联合会急诊分会副会长，世界中医药学会联合会内科专委会常务理事，全国重点专科专病脑病协作组副组长。

三、科研与教学

20世纪80年代，张晓云加入陈绍宏教授主持的中医药治疗急性脑出血的临床研究。此后，她以课题负责人的身份主持开展了系列关于急性脑出血/脑梗死、肺心病、上消化道出血等疾病的临床和实验研究，先后承担国家级课题6项、省部级课题7项、厅局级课题5项。张老关于肺心病的研究结果证明中医方案在痰液引流、纠正电解质紊乱、调整酸碱平衡、提高机体免疫力等治疗难点方面起到了很好的作用，缩短了病程，减轻了患者经济负担，提高了患者生活质量。关于肺心病的研究成果获四川省科技进步二等奖，并被卫生部列为第二轮面向全国推广适宜技术十年百项计划第八批项目面向全国推广，由张老主持开展，先后在四川、青海、山东、贵州等11个省和直辖市开展技术推广工作，累计2万多名基层医师接受了培训，对提高肺心病临床疗效、规范基层诊疗行为起到积极作用。

与协作共建单位广东省中医院开展"上工治未病"和"已病防变"的临床研究，共同牵头科技部"十一五"支撑计划——重大疑难疾病"缺血中风二级预防的中医药综合方案示范研究"，进行中医药治疗复发性脑梗死的临床观察。该研究应用国际诊断标准，疗效评判标准，采用国际量表评分，首次在全国东、西、北、南、中范围内，与82家医院形成协作网络，开展大规模、多中心、双盲、随机对照的中药干预缺血中风二级预防临床研究，通过项目的实施，在我国已形成10~15个中风病临床研究中心，并形成了缺血中风二级预防中医药综合方案。

在国家中医药管理局立项支持下，由张老主持，于2009年11月30日开始在全国33家医疗机构进行急性脑出血中医方案的验证工作。该项工作于2010年12月圆满完成，结果表明，复元醒脑、泻热熄风法治疗出血性中风能降低出血性中风患者的病死率，能促进血肿吸收，改善神经功能缺损。

在全国 37 家单位完成急性扁桃体炎中医方案验证工作，2012 年开始作为第三批诊疗规范在全国范围内开展技术推广。学科治疗外感发热的散寒解热口服液的制备及治疗风寒发热证的临床研究获四川省科技进步二等奖和四川省中医药科技进步二等奖；散寒解热口服液获国家新药证书。

在繁忙的诊疗业务和科学研究的同时，张老十分重视教学工作和学科的发展。在以她为首的团队不懈努力下，急诊科不断丰富和完善"全国中医急症医疗中心"的内涵建设，于 2000 年建立博士点，是迄今为止我国西部地区唯一培养中医急诊学博士研究生及博士后人员的学科；2007 年成为"全国中医、中西医结合急诊临床基地"和"全国重点专科专病中风病"建设单位，2009 年成为国家中医药管理局中医急诊学重点学科，2011 年成为卫生部首批国家中医急诊重点专科建设单位。以张老为首的团队承担了成都中医药大学"中医急诊学""急症学""中医急诊与临床"等多门课程的教学工作，教学对象覆盖了大学本科，七年制、八年制、九年制研究生等多个层面。张老先后培养了博士研究生 10 名，硕士研究生 50 余名。她所培养的研究生，在毕业之后均成为各用人单位的骨干力量。

四、代表论著

主编西部精品教材《中西医临床危重病学》、全国高等院校研究生教育卫生部"十三五"规划教材《中西医结合急救医学临床研究》，副主编"十二五"国家规划教材《中医急重症学》《中医急诊学》《中西医结合急诊内科学》以及全国高等中医药院校研究生教育卫生部"十一五"规划教材《中医急诊临床研究》。先后发表《逐瘀化痰口服液治疗急性脑出血的临床及实验研究》《中风醒脑口服液治疗急性脑出血临床研究》《陈绍宏教授"中风核心病机论"》《COPD 的中医病机特点浅谈》《宣肺平喘、温阳利水法治疗肺心病急性发作期合并心衰临床疗效》《独参汤治疗慢性充血性心力衰竭的临床观察》《活血化瘀中药复方治疗急性脑梗死对神经功能缺损改善的系统评价》《经方在急性发热疾病中的应用》等 150 余篇学术论文。

五、学术主张及经验

张老从事中医急诊临床、科研、教学工作近50年,学验俱丰,贯通中西。在总结和继承国医大师、全国名中医、四川省首届十大名中医陈绍宏教授学术思想基础上,她治学不辍,刻苦钻研,凝练了个人的学术思想。她认为辨证论治是中医的精髓,而辨证的关键在于掌握疾病的性质和演变规律。她提倡"病证结合"的识病观,推崇以现代医学知识诊断疾病,以中医思路辨证施治,强调对疾病本质的把握。她在长期救治危急重症患者的职业生涯中形成了"急则治标、留人治病"的思想,基于张景岳"有形之血不能速生,无形之气所当急固"的理论,提出"补元"的思想,在重症患者的治疗中提倡"大补元气""留得一分胃气,便有一分生机"的方法学。她博采伤寒和温病精髓,融合六经辨证、卫气营血辨证和三焦辨证的方法,集众家之长而活用,体现"师古不泥古、创新不离宗"的思想。在疾病的诊治中,张老强调"肝脾不和"病机的重要作用。在阐述郁证病因病机时,她归纳提出了"情志之郁"和"脏腑之郁"的学术观点。情志之郁指喜怒忧思悲恐惊等七情过激导致的气机郁滞之证,脏腑之郁指各种病因导致肝脾本病或他脏之病累及肝脾,在肝失疏泄、脾失健运基础上,兼夹湿、痰、火、毒、虚、瘀等病理因素。如《素问·调经论篇》"人之所有者,血与气耳""血气不和,百病乃变化而生"。她认为肝脾两脏的协作关系集中体现为气血的协同作用方面,"土得木则达""木赖土荣",设肝失疏泄,脾失健运,则脾不能升清降浊,气血生化乏源,肝无血可藏,气机郁滞,从而导致慢性疾病迁延难愈,故临床上提倡以恢复肝脾功能为目的的治疗方法。针对慢性肺系疾病的诊疗,张老认为"痰"是急性加重期主要矛盾,提出"开泄治痰"的学术思想,拟定中医治疗方案,取得了突出临床疗效,被卫生部作为适宜技术在全国范围推广。针对急性胰腺炎,提出早期通腑的思路,为遏制病情发展提供了有效的办法。

六、海外交流

1999 年 6 月，全球中医药发展研究院主办的"世界精英会议"在南京举行，张老因"复元醒脑口服液治疗脑出血"的总结报告受到美国康州耶鲁大学龚忠恕的推崇，次年被邀请随同陈绍宏教授至耶鲁大学进行学术访问。其间与来自美国哈佛、耶鲁、波士顿、得克萨斯州大学医学院的神经病学专家 Louis Robert Caplan、Carlos Svestka Kase、CasePhilip A Wolf、Sheriman 等多次学术交流，肯定了中医药在治疗中风病上的疗效优势。

2004 年 4—6 月，张老受邀参加国务院组织的医疗队，被先后派遣至新西兰、澳大利亚、斐济为我国外交官及华人、华侨提供医疗服务，其间华人、华侨多次表示他们"感到祖国医学的神奇，为流淌华夏民族的血而骄傲"，并同当地中医诊所友好交流，促进中医药学在国外的发展。

川派中医药名家系列丛书

临床经验

张晓云

一、医案

（一）呼吸系统疾病医案

1. 肺心病急性期

案例 1：王某某，男，65 岁。

主诉：反复咳嗽咯痰 10 余年，伴胸闷气促 5 余年，复发加重 3 余天。

现病史：患者于 10 余年前因受凉后出现咳嗽咯痰，在当地医院就诊，诊断为慢性支气管炎、肺气肿，经治疗后好转。此后咳嗽咯痰反复发作，遇天气变化或受凉后易发，每年出现咳嗽、咯痰症状时间均大于 3 个月，多次到私人门诊输液，症状反复。5 年前患者出现胸闷、气促，活动后加重，到某省级医院就诊，预查心脏彩超提示右心室长大、肺动脉高压，诊断为慢支炎、肺气肿、肺心病。3 天前患者受凉后出现发热，体温最高 38.6 ℃，咳嗽症状加重，自行口服抗生素、化痰药等，症状无明显缓解，遂来门诊就诊。

症见：形体消瘦，面色晦暗，咳嗽频繁，胸闷气促，咳声重浊，白色稠痰量多，畏寒肢冷，头痛无汗，全身骨节肌肉酸痛，口淡无味，不思饮食，大便干结难解，夜间眠差，舌淡苔白厚腻，舌边有齿痕，脉弦细。

辨证：风寒束表、痰湿蕴肺。

治法：辛温解表、宣肺平喘。

处方：瓜蒌薤白半夏汤合三拗汤加味。

瓜蒌皮 15 g	瓜蒌子 15 g	薤白 15 g	法半夏 15 g
桔梗 30 g	蜜麻黄 10 g	苦杏仁 15 g	陈皮 15 g
射干 15 g	茯苓 15 g	胆南星 15 g	紫菀 15 g
款冬花 15 g	枇杷叶 15 g	生姜 10 g	生甘草 10 g

上药水煎，熬开 10 分钟，每次服 150 mL，每日 1 剂。

服上药 3 剂，患者自觉畏寒肢冷、头痛、肌肉酸痛症状明显减轻，未再发热，大便已通，咳嗽气促稍减，活动后仍明显，咳吐白痰量多，倦怠喜卧，口淡无味，口干不欲多饮，舌淡苔白厚腻，脉细，再拟宣肺平喘、健脾除湿、止咳化痰法，处方以瓜蒌薤白半夏汤合香砂六君子汤加味，用药如下：

瓜蒌皮 15 g	薤白 15 g	法半夏 15 g	枳壳 15 g
苦杏仁 15 g	陈皮 15 g	桔梗 15 g	紫苏子 15 g
木香 10 g	砂仁 15 g	党参 30 g	茯苓 15 g
炒白术 30 g	山药 15 g	大枣 15 g	蜜甘草 10 g

上药水煎，熬开 15 分钟，每次服 150 mL，每日 3 次。

服本方 3 剂，患者咳嗽气促减轻，痰量减少，食量增加，精神体力较前好转，大便通畅，夜间睡眠改善。继续服药 10 天共 8 剂，诸症消除。

按语：慢性肺源性心脏病（肺心病）属中医"肺胀"范畴。肺胀是多种慢性肺系疾患反复发作，迁延不愈，从而导致肺气胀满，不能敛降的一种病证。临床表现为胸部膨满、憋闷如塞、喘息上气、咳嗽痰多、烦躁心悸、面色晦暗，或唇甲发绀、脘腹胀满、肢体浮肿等。明代秦景明《症因脉治·喘证论》云："肺胀之因，内有郁结，先伤肺气，外复感邪，肺气不得发泄，则肺胀作也。"虞抟《医学正传·痰饮》言："《内经》曰：诸气愤郁，皆属肺金。盖肺气郁则成热，热盛则生痰。丹溪曰：自郁成积，自积成痰，痰挟瘀血，遂成窠囊……"提出痰瘀阻碍肺气是肺胀的主要病机，为后世医家推崇。目前普遍认为肺胀以肺脾肾三脏虚损为本，痰浊、水饮、瘀血等病理产物为标，气虚血瘀痰阻病机贯穿疾病始终，临床治疗以益气活血化痰为基本治法。张老认为，肺胀（包括慢性肺源性心脏病、慢性阻塞性肺疾病、哮喘等慢性呼吸系统疾病）病机复杂，痰瘀互结、肺失宣肃、肺脾气虚、风寒外束等都是基本病机，但急性加重期和缓解期病机各有侧重，临床应分期论治。如隋代巢元方《诸病源候论》云："肺虚感微寒而成咳。咳而气还聚于肺，肺则胀，是为咳逆也。邪气与正气相搏，正气不得宣通，但逆上喉咽之间。邪伏则气静，邪动则气奔上，烦闷欲绝，故谓之咳逆上气也。"其中的"邪伏则气静"为稳定期之特点，患者咳嗽、咳痰、气短等症状稳定或症状轻微。而"邪动则气奔上，烦闷欲绝"则反映了急性加重期病机和症状的特征。张老认为感受风寒通常是诱发肺胀急性加重的病因，急性加重期主要病机是风寒外袭、痰湿蕴肺、肺失宣肃、通调失常，故以发散风寒、宣肺平喘为治疗大法，正如《金匮要略》："上气喘而躁者，属肺胀，欲作风水，发汗则愈。"故针对肺胀急性加重期应用三拗汤合瓜蒌薤白半夏汤、桔梗汤为基本方，每每取得满意疗效。

三拗汤出自《太平惠民和剂局方》，由麻黄、杏仁、生甘草组成。本方用麻黄发散风寒、宣肺平喘，其不去根节，为发中有收，使不过于汗；用杏仁宣降肺气、止咳化痰，以不去皮尖，为散中有涩，使不过于宣；甘草不炙，乃取其清热解毒，协同麻、杏利气祛痰。三药相配，共奏疏风宣肺，止咳平喘之功。所谓"三拗"，指麻、杏、甘三药皆违常法而用，擅治新寒外束，旧痰内搏，闭结清道，鼓动肺金之证。瓜蒌薤白半夏汤，即瓜蒌薤白白酒汤加半夏而成。半夏燥湿化痰，降逆散结；配以瓜蒌、薤白豁痰通阳，理气宽胸。用于胸痹痰浊壅盛、病情较重者。《古方选注》曰："君以薤白，滑利通阳；臣以栝楼实，润下通阻；佐以白酒熟谷之气，上行药性，助其通经活络而痹自开，而结中焦而为心痛彻背者，但当加半夏一味，和胃而通阴阳。"临床应用中常去掉白酒。

桔梗汤由桔梗、生甘草组成，出自《金匮要略》："少阴病，二三日，咽痛者，可与甘草汤；不差，与桔梗汤。""咳而胸满，振寒，脉数，咽干不渴，时出浊唾腥臭，久久吐脓如米粥者，为肺痈，桔梗汤主之。"桔梗汤以桔梗为主药，《珍珠囊》谓桔梗可"疗咽喉痛，利肺气，治鼻塞""与甘草同行，为舟楫之剂"。李杲谓其可"利胸膈，治咽喉气塞及痛"。《本草求真》亦指出："桔梗能引诸药上行，可为诸药舟楫。"仲景用桔梗既有宣肺利气、祛痰排饮的作用，亦有载药上行、使方中诸药力作用于上之旨。

肺为五脏六腑之华盖，主治节，外合皮毛，开窍于鼻，主宣发，以清肃下降为顺。肺为娇脏，畏寒热而恶痰浊，所以宣肺化痰至关重要。如何宣肺，张晓云教授强调，急性加重期应从风寒、痰湿入手，风寒外束、痰湿蕴肺、肺气闭郁是急性加重期基本证型。临床表现为咳嗽阵作或昼夜频咳，痰多易咳或痰黏难以咳出，痰色白稠或黄白相间或脓性痰，胸闷、气喘、口腻，脘腹胀满，舌质淡、苔白腻、脉弦滑者，应以发散风寒、宣肺平喘、化痰止咳为治疗大法。

案例 2：余某，男，71 岁。

主诉：咳嗽咯痰气喘 20 余年，心悸、水肿 5 年，加重伴呼吸困难 1 天。

现病史：患者 20 余年前开始出现咳嗽、咯痰、气喘等症，此后上述症状反复发作，多次到当地医院住院治疗，诊断为慢支炎、肺气肿、肺心病。5 余年前再次发病期间出现心悸心慌、活动受限、双下肢水肿等症，诊断为"心力衰竭"。1 天前患者受凉后咳嗽气促加重，口唇发绀，呼吸困难，不能平卧，咯吐大量白色泡沫痰，心累心悸，下肢水肿，遂由家属送来就诊。

症见：端坐位，面色发白，口唇发绀，咳嗽频繁，气促呼吸困难，咳吐白痰量多质稠，胸闷腹胀，下肢水肿，夜间眠差，平卧则胸闷气促加重，形寒肢冷，口干喜热饮，舌胖大边有齿痕，苔白滑，脉细数。

西医诊断：肺心病急性加重期、慢性心衰急性发作。

辨证：风寒犯肺、肺失宣肃、水饮凌心。

治法：宣肺平喘、温阳利水。

处方：三拗汤、瓜蒌薤白半夏汤、桔梗汤合苓桂术甘汤加味。

蜜麻黄 10 g	苦杏仁 15 g	瓜蒌皮 15 g	瓜蒌子 15 g
薤白 15 g	法半夏 15 g	桔梗 30 g	茯苓 30 g
桂枝 15 g	炒白术 15 g	泽泻 30 g	生甘草 6 g
生姜 10 g			

上药水煎，熬 15 分钟，每次服 150 mL，每日 3 次。

二诊：服本方 6 剂，患者喘促呼吸困难、下肢水肿较前减轻，夜间稍可平卧，仍咳嗽咯吐白痰，心累心悸气促动甚，倦怠乏力，口淡无味，胸腹胀闷，大便溏，舌胖大边有齿痕，苔白厚，脉沉细。

处方：三拗汤、瓜蒌薤白半夏汤、桔梗汤合香砂六君子汤加味

瓜蒌皮 15 g	薤白 15 g	法半夏 15 g	枳壳 15 g
苦杏仁 15 g	陈皮 15 g	川射干 15 g	紫苏子 15 g
木香 10 g	砂仁 15 g	党参 30 g	茯苓 30 g
炒白术 30 g	桂枝 15 g	大枣 15 g	蜜甘草 5 g

上药水煎，熬 15 分钟，每次服 150 mL，每日 3 次。

三诊：服上方 6 剂，喘促、下肢水肿渐消，饮食渐增，仍有咳嗽，但痰

量较前明显减少，继以本方为基础，加用止咳化痰药物，继服6剂而咳减。

按语："病痰饮者，当以温药和之。"苓桂术甘汤即是温化痰饮的代表。该方出自《伤寒论》："伤寒若吐若下后，心下逆满，气上冲胸，起则头眩，脉沉紧，发汗则动经，身为振振摇者，茯苓桂枝白术甘草汤主之。""夫短气有微饮，当从小便去之，苓桂术甘汤主之，肾气丸亦主之。"《医宗金鉴·删补名医方论》曰："《灵枢》谓心包络之脉动则病胸胁支满者，谓痰饮积于心包，其病则必若是也。目眩者，痰饮阻其胸中之阳，不能布精于上也。茯苓淡渗，逐饮出下窍，因利而去，故用以为君。桂枝通阳输水走皮毛，从汗而解，故以为臣。白术燥湿，佐茯苓消痰以除支满。甘草补中，佐桂枝建土以制水邪也。"清代尤在泾《金匮要略心典》云："痰饮，阴邪也，为有形，以形碍虚则满，以阴冒阳则眩。苓桂术甘温中去湿，治痰饮之良剂，是即所谓温药也。盖痰饮为结邪，温则易散，内属脾胃，温则能运耳。"伤寒大家刘渡舟教授评价苓桂术甘汤："药仅四味，配伍精当，大有千军万马之声势，临床疗效惊人。"张老指出，肺为娇脏，不耐寒热，外邪侵袭，首先犯肺，肺气壅遏不宣，清肃之令失常，则发生咳、痰、喘。肺病长久不愈，子盗母气，乃传于脾。脾失健运，则水湿内停，酿湿生痰，上渍于肺，则见咳、痰、喘加剧；影响脾胃运化，则不思饮食。肺虚不能通调水道，脾虚不能运化水湿，水湿泛溢肌肤则水肿，上凌心肺则心悸气促。肺、脾两脏虚损，又以脾虚是其根本。因脾主运化水谷，能对水谷进行消化和吸收，并将精微物质上输于肺，经肺之宣发肃降运送至全身，为后天之本，正如《医宗必读》所说："一有此身，必资谷气，谷入于胃，洒陈于六腑而气至，和调于五脏而血生，而人资之以为生者也，故曰后天之本在脾。"根据五行相生理论，虚则补其母，脾属土，肺属金，培土生金，即补脾益肺。因此，张老认为肺心病急性加重期主要以脾虚运化失司为本，痰饮、水湿均为脾失运化的病理产物，故治疗上应从补脾健运入手，同时注重宣肺平喘、化痰止咳以增强疗效。另泽泻咸寒渗利，入足少阴肾、足太阳膀胱经，燥土泻湿，较之茯苓、猪苓淡渗，其效更佳。张老常在苓桂术甘汤基础上加用泽泻，取其下达之速，善决水窦，以泻土湿之功。

2. 肺心病缓解期

案例：赵某，女，80岁。

主诉：咳嗽咳痰胸闷气促30余年，心悸水肿10余年。

一诊：因近日短气乏力，腹胀纳差就诊。咳嗽不甚，咳吐白痰，痰黏不易咯出，双下肢轻度水肿，朝轻暮重，口淡无味，纳食减少，食入即满，嗳气反酸，口干不喜饮，大便干结，数日一行。舌淡苔白厚，脉沉细。

辨证：肺脾气虚。

治法：补脾益肺、宣肺止咳。

处方：瓜蒌薤白半夏汤合香砂六君子汤加味。

瓜蒌皮 15 g	薤白 15 g	法半夏 15 g	桔梗 15 g
苦杏仁 15 g	陈皮 15 g	川木香 10 g	砂仁 15 g
党参 30 g	茯苓 30 g	炒白术 30 g	大枣 15 g
枳壳 15 g	蜜甘草 5 g		

上药水煎，熬开15分钟，每次服150 mL，每日3次。

二诊：服药3剂，腹胀嗳气反酸减轻，食欲渐增，短气乏力稍减，仍咳嗽，痰白稠较前易咯，下肢仍肿，心悸短气，小便量少。以本方合苓桂术甘汤加减以温阳化气、利水消肿：

瓜蒌皮 15 g	薤白 15 g	法半夏 15 g	桔梗 15 g
苦杏仁 15 g	陈皮 15 g	薏苡仁 30 g	砂仁 15 g
党参 30 g	茯苓 30 g	炒白术 30 g	桂枝 15 g
厚朴 15 g	泽泻 30 g	蜜甘草 5 g	生姜 10 g

上药水煎，熬开15分钟，每次服150 mL，每日3次。

三诊：服药6剂，心悸渐减，小便清长，纳食正常，痰量减少，活动后仍短气乏力，再以参苓白术散合补中益气汤健脾益气、培土生金。

生晒参 15 g	茯苓 30 g	炒白术 30 g	白扁豆 30 g
陈皮 15 g	山药 30 g	莲子 30 g	砂仁 15 g
薏苡仁 30 g	桔梗 15 g	大枣 30 g	炙黄芪 30 g
炙升麻 15 g	柴胡 15 g	当归 15 g	蜜甘草 15 g

上药打粉,每次 10 g 口服,每日 3 次。

按语:张老认为肺胀病理因素主要责之痰饮、瘀血、气虚,彼此互为影响,兼见同病。急性加重期多为风寒犯肺、肺失宣肃,病位在肺;缓解期病位在肺、脾、肾。"脾为生痰之源,肺为贮痰之器",痰饮初由肺气郁滞,脾失健运,津液不归正化而成,渐因肺虚不能布津,脾虚不能转输,肾虚不能蒸化,痰浊潴留益甚。痰饮水浊潴留,滞塞气机,阻塞气道,肺气胀满不能敛降,故胸部膨膨胀满,憋闷如塞。肺病及脾,子盗母气,致肺脾两虚。气根于肾,主于肺,本已年老体虚,下元虚愈,加之喘咳日久,积年不愈,由肺及肾,必致肺肾俱虚。肾元亏虚,药物效差,脾为后天之本,气血生化之源,张老在肺心病的长期调理中更重视补益脾胃,培土生金,令气血生化有源,以后天补益先天。本案三诊所用之参苓白术散合补中益气汤散剂方被张老广泛应用于包括哮喘、慢性阻塞性肺疾病、慢性肺源性心脏病等慢性呼吸系统疾病缓解期的治疗中,在提高患者免疫力,减少受凉感冒次数,改善心肺功能,提高活动耐量,改善患者食欲等方面,均具有良好的效果。

3. 哮 喘

案例:崔某,男,60 岁。

主诉:反复发作性咳嗽喘促 20 余年,复发 3 天

病史:患有支气管哮喘病史 20 余年,长期吸入舒利迭、万托林治疗。3 日前患者受凉后咳嗽咳痰,胸闷气促。

查体:体温 36.7 ℃,脉搏 127 次/分,呼吸率 27 次/分,血压 140/80 mmHg。口唇紫绀,双肺呼吸音低,双肺未闻及哮鸣音及湿啰音。血常规:CRP76 mg/L。血气分析提示 2 型呼吸衰竭。胸部 CT 示慢性支气管炎伴双肺感染,轻度肺气肿征象。西医治疗予以头孢哌酮他唑巴坦钠抗感染、甲强龙抗炎、多索茶碱解痉平喘、福多司坦止咳化痰等处理。

一诊:少神,喘促不得卧,喉中闻及水鸡声,咳嗽,咳少量白色泡沫痰,无恶寒发热,无潮热盗汗,脘腹胀满,食少纳呆,食入即满,小便正常,大便干结难解,舌质淡红,苔白腻, 脉滑数。

西医诊断:哮喘急性发作。

辨证：痰浊阻肺，气逆咳喘。

治法：宣肺平喘。

处方：射干麻黄汤加减。

川射干 15 g	蜜麻黄 15 g	北细辛 6 g	法半夏 15 g
大枣 15 g	款冬花 15 g	焦山楂 30 g	建曲 15 g
炒麦芽 30 g	炒稻芽 15 g	鸡内金 15 g	白豆蔻 10 g
生甘草 10 g。			

水煎服，每次服 150 mL，每日 1 剂。

二诊：服药 3 剂，喘促稍缓，但仍夜间发作或动则加重，咳痰不爽，脘腹胀满，食入即满，大便 3 日未解，舌淡红，苔厚腻，脉滑。选用射干麻黄汤合礞石滚痰丸加减。

金礞石 30 g	沉香 20 g	炙大黄 15 g	黄芩 15 g
川射干 15 g	蜜麻黄 15 g	北细辛 6 g	大枣 20 g
法半夏 15 g	紫菀 15 g	款冬花 15 g	五味子 5 g

水煎服，每次服 150 mL，每日 1 剂。

三诊：服上方后咳出大量黑色块状老痰，约 100 g，咳痰后感气息顺畅，喘促减轻，夜间发作次数减少，食欲增加，无腹胀，大便畅通，每日 1 次，质偏稀，舌淡红，苔白，脉滑，重按无力。久病正虚，故予参苓白术散加减调理。

生晒参 15 g	茯苓 30 g	炒白术 30 g	白扁豆 30 g
陈皮 15 g	山药 30 g	莲子 30 g	砂仁 15 g
薏苡仁 30 g	桔梗 15 g	大枣 30 g	炙黄芪 30 g
蜜甘草 15 g。			

水煎服，每次服 150 mL，每日 1 剂。

按语：中医认为"宿痰伏肺"是哮喘发作的凤根，宿痰常因气候突变、饮食不节、劳倦等诱因而引动，气升则痰涌，二者互相搏结，壅滞气道，肺失宣降，从而导致痰鸣气促。哮喘反复发作，损伤气津，痰黏难出，顽痰胶固，进一步阻塞气道。宿痰若无法祛除，则哮喘症状难以缓解，反复发作。本案患者哮喘病史 20 余年，今次发作后证为寒饮伏肺证，故予射干麻黄汤加减以解表散寒，宣肺平喘，另患者食少纳呆，脘腹胀满，加用健脾消积之品如山楂、建曲、麦芽等；服药后患者虽感喘促稍缓，但咳痰不爽，仍腹胀，食入即满，大便难解，虽无实热之象，但因痰为饮之浊者，多因火灼而成，而痰饮伏于中焦，阻遏气机，故出现腹胀、食欲不振等症状，故张老选用礞石滚痰丸合射干麻黄汤加减，宣肺通腑、涤痰平喘。射干麻黄汤出自《金匮要略》，其中麻黄解表散寒、宣肺平喘；细辛助麻黄解表，配以生姜温通经脉，促汗出而风寒自解；射干苦寒，清肺泄热，降痰平喘；半夏、紫菀、款冬花降逆化痰；五味子酸敛正气。射干与麻黄、细辛配伍，使温而不燥，射干与半夏、紫菀、款冬花同用，使降逆化痰平喘之力愈强，全方共奏发散风寒、降痰平喘之功。二方同用，以射干麻黄汤宣肺散寒、止咳平喘；礞石滚痰丸涤荡宿痰外出；细辛、生姜、五味子温化寒痰，同时佐制金礞石、大黄之峻下之性。一方宣肺，一方通腑，一升一降，气机平衡，同时暗含肺与大肠相表里之意。两方合用，宣肺气，通腑浊，涤荡宿痰外出，又不损正气。本案患者服后症状明显缓解，虽仍有咳嗽咳痰之症，但久病亏虚，同时脾为生痰之源，故应培土生金，健脾化痰，选方参苓白术散加减调理。

案例2：周某，男，50岁。

主诉：反复喘息气促6年余，加重1周。

病史：哮喘病史6年余，近1周受凉加重。

症见：喘息气促，张口抬肩，喉间痰鸣，咳黄色黏痰，量少不易咳出，伴高热，午后加重，入夜尤甚，汗出，口渴，胸闷腹胀，小便黄赤，5日未大便。

查体：体温39.2℃，脉搏120次/分，呼吸25次/分，急性热病容，面红，头汗，咽红，口唇发绀，呼吸急促，张口抬肩，不能平卧，桶状胸，两肺满布痰鸣音及干湿性啰音，心界向左下扩大，心律整齐，未闻及病理性杂音，肝脾未触及，腹胀，叩诊呈鼓音，双下肢微肿，舌苔黄厚微腻，脉滑数。

西医诊断：哮喘急性发作。

辨证：痰热阻肺。

治法：宣肺平喘，清热化痰。

处方：三拗汤、桔梗汤、瓜蒌薤白半夏汤合宣白承气汤加减。

生麻黄 10 g	全瓜蒌 30 g	薤白 15 g	桔梗 30 g
法半夏 15 g	生石膏 30 g	杏仁 15 g	生大黄 10 g
生甘草 10 g			

按语：张老认为，"肺与大肠相表里"，肺气不降则腑气不行，腑气不通则肺热难泄，二者互为因果，常导致高热稽留、喘促难平，非通腑泄热并进则难以奏效。吴鞠通先生立宣白承气汤，融承气、白虎于一方，泻肺通腑，上下合治，可谓用心良苦。四方合用，以麻黄、全瓜蒌为君，大黄、石膏、杏仁、薤白、法半夏、桔梗为臣，甘草为佐，共呈宣肺平喘，化痰止咳，通腑泻下之功。以三拗汤、桔梗汤、瓜蒌薤白半夏汤宣肺平喘，化痰止咳，以宣白承气汤宣肺通腑泻下。吴鞠通宣白承气汤原主治肺气不降，痰涎壅滞，而阳明结热，里证又实。本方减大黄用量，在于畅通气机，无论是否伴阳明腑实证；单用宣白承气汤恐其太寒、折损阳气，而本身病之根在肺，肺主宣，故用三拗汤、桔梗汤、瓜蒌薤白半夏汤宣肺化痰平喘，其麻黄辛温，配石膏使宣肺而不助热，清郁热而不留邪，肺气肃降有权，喘息可平，是相制为用。

4. 肺纤维化

案例：张某某，女，48 岁。

主诉：咳嗽、喘促、呼吸困难 2 年多。

病史：2 年前无明显诱因出现干咳，胸闷、喘促，呼吸困难，到某省级医院就诊，诊断为特发性肺纤维化，长期口服强的松 30 mg/d，症状仍进行性加重。否认家族史，无高血压、糖尿病、心脏病史，无吸烟史及粉尘接触史。

一诊：家属背入诊室，满月脸，多血质，端坐位，喘促胸闷，呼吸困难，畏寒肢冷，心累心悸，短气乏力，干咳无痰，口唇发绀不甚，夜间不能平卧，休息时也喘，吃饭、如厕等日常生活均不能自理，口干不欲多饮，大便干结。舌质黯少苔，脉沉细。

西医诊断：特发性肺纤维化。

中医诊断：肺痿。

辨证：肺脾气虚、痰瘀互结。

治法：大补元气、温中扶阳、益气活血、宣肺平喘。

处方一：瓜蒌薤白半夏汤合膈下逐瘀汤加减。

处方二：独参汤。

红参 10 g

泡水代茶频服，每日 1 剂。

瓜蒌皮 15 g	瓜蒌子 15 g	薤白 15 g	法半夏 15 g
川芎 15 g	丹皮 15 g	赤芍 15 g	乌药 15 g
延胡索 15 g	当归 15 g	桃仁 10 g	红花 10 g
枳壳 15 g	五灵脂 10 g	香附 15 g	郁金 15 g

生甘草 6 g

上药水煎，熬开 15 分钟，每次服 150 mL，每日 3 次。

二诊：服药 10 剂 14 天，患者独自前来就诊，述胸闷喘促、呼吸困难明显减轻，仍干咳，活动后心累心悸，夜间可平卧休息。守原方案不变，再加参苓白术散合补中益气汤散剂培土生金，前后历时四个月，先后就诊 6 次，服药共 40 余剂，渐减强的松用量为 5 mg/d，嘱其长期维持，患者述在家已可从事一般家务劳动，予复查胸部 CT 了解肺部情况，结果提示肺部广泛纤维化病理改变同治疗前。

按语：特发性肺纤维化（IPF）是一类病因尚不明确的以弥漫性肺泡炎、肺泡结构紊乱，并最终导致肺纤维化为特征的慢性肺部疾病，患者多有劳力性呼吸困难、喘息、气短、干咳、喘憋的临床表现。IPF 患者预后很差，发病率和死亡率逐年增加，目前尚缺乏有效的治疗方法。根据其临床症状，IPF 可辨属中医"肺痹""肺痿"等病范畴。近年来业界多以络病探讨 IPF 的病理机制，其理论发源于清代叶天士"久病入络"的学术思想及现代医学对 IPF 的认知。在络病理论基础上，以化痰通络为 IPF 基础治法，临证时配伍活血化瘀之品，如川芎、地龙、丹参、赤芍等，并注重虫类药的应用，如重用水蛭、蜈蚣、地龙等，以奏通经活络、攻逐破坚、消癥除积之功。张老认为中气虚衰、络脉痹阻，是 IPF 发生的内在原因。肺主一身之气，气为血帅，肺气虚不能推动血运，进而留瘀，痹阻肺络。肺朝百脉，助心行血，血为气母，血行不畅易阻滞气机，是故气病及血、气血同病。正如清代王清任《医林改错》指出："元气既虚，必不能达于血管，血管无力，必停留而瘀。"中气者，经络之根本，经络者，中气之枝叶，根本既茂，枝叶自荣。因此，张老主张以振奋元气配合益气活血药达到推动血行的目的，临床上较少应用破血动血之药。振奋元气者，张老多用红参/生晒参（视患者经济情况选择），以人参气质醇厚，直走黄庭（脾胃），而补中气。"宗气者，营卫之所合也，出于肺，积于气海，行于气脉之中，动而以息往来者也。"宗气由水谷精微化生，依赖于肺脾肾之气化生，肺脾肾亏虚导致宗气生成不足，呼吸无力，气血运行缓慢；肺气亏虚，通调水道功能失常，痰饮瘀血内生。张老常用"痰挟瘀血，遂成窠囊"形容肺纤维化的病理状态，而中气虚衰是根本原因，故用人参大补元气，辅以益气活血，令元气充沛，则宗气生化有源，才能发挥"走息道司呼吸""贯心脉行气血"的功能。同时可配合补益脾胃，培土生金，令气血生化有源，以后天补益先天。诸法合用，体现"补中气而充经络"的中心思想。

5. 甲　流

案例：赵某，男，6岁。

主诉：发热3天。

现病史：3天前患儿无明显诱因出现鼻塞流涕、恶寒发热，家长予服用感冒药后鼻塞流涕减轻，仍发热，最高体温达41.3 ℃，先后予物理降温及应用布洛芬及对乙酰氨基酚制剂退烧，汗出体温稍降，但短时间即再次高热，到某院儿科急诊就诊，查鼻咽拭子结果提示甲型流感病毒抗原阳性，胸片未见异常。

症见：壮热无汗，发热不恶寒，精神较差，鼻塞流少量清涕，头痛咽痛，肌肉酸痛，稍咳嗽，口渴喜饮，纳呆，大便三日未解，无腹胀腹痛。舌红苔薄微黄，脉数有力。

查体：体温40 ℃，咽部充血，双侧扁桃体Ⅰ度肿大，未见脓点及异常分泌物，双肺呼吸音粗，心律齐，心率150次/分，全腹软，神经系统查体阴性。

西医诊断：甲型病毒流行性感冒。

辨证：气分热盛证。

治法：清热解毒泻火。

处方：白虎汤加味。

生石膏 30 g	知母 10 g	银花 15 g	连翘 15 g
牛蒡子 10 g	荆芥 10 g	薄荷 10 g	桔梗 10 g
粉葛 10 g	柴胡 10 g	蝉蜕 10 g	僵蚕 10 g
炒白术 10 g	生甘草 6 g		

上药水煎，熬开10分钟，每次服50 mL，每日3次，2日1剂，嘱服药后饮温热稀粥顾护胃气。

服药2次，患儿汗出热减，1剂服完，热退身凉，诸症缓解，精神渐旺，体温再未反复。

按语："太阳病，发热而渴，不恶寒者，为温病。"本案患儿始恶寒，似为伤寒，但反复以汗法治之（多次应用退烧西药），诸症未减，反之出现壮热不寒、口渴引饮，故可确诊温病无疑。张老指出，无论温病或伤寒，均可有恶寒的卫分阶段症状，但其产生机制不一。恶寒是伤寒突出而必然的症状，如经文所述："太阳病，或已发热，或未发热，必恶寒……"伤寒恶寒重，是外邪袭表、卫阳不固所致，正如章虚谷所言："伤寒邪在太阳，必恶寒甚，其身热者，阳郁不伸之故，而邪未化热也。"温病恶寒轻，时间短，系邪郁太阴，肺失宣肃，肺主气其合皮毛的功能失司所致。待肺热渐炽，则恶寒症状消失而仅见恶热。正如叶天士《外感温热篇》云："盖伤寒之邪留恋在表，然后化热入里。温邪则热变最速，未传心包，邪尚在肺，肺主气其合皮毛，故云在表……"另外，张老强调并非表证才会出现恶寒，伤寒少阴病和厥阴病都可出现恶寒症状，如"少阴病，得之一二日，口中和，其背恶寒者，当灸之，附子汤主之"；厥阴病"大汗出，热不去，内拘急，四肢疼，又下利厥逆而恶寒者，四逆汤主之"。因此，张老常提醒学生应客观地看待"有一分恶寒，便有一分表证"的观点。

白虎汤出自《伤寒论》，明代方有执评价曰："神于解热，莫如白虎"。清代吴瑭也说："白虎乃秋金之气，所以退烦暑"，其最善清气分邪热，投方即似秋风之乍起，炎暑主消，故以西方白虎命之。其中生石膏入肺、胃二经，清热解肌，达热出表，可出气分之高热；知母助石膏清热，兼有滋阴增液之功；生甘草泻火解毒；配粳米保养胃气兼以和中，扶正祛邪；配石膏则又甘寒生津。全方共奏清热生津之功，主治外感热病，包括各种温病气分热盛之证。"太阴温病，脉浮洪，舌黄，渴甚，大汗，面赤，恶热者，辛凉重剂，白虎汤主之。"温热之邪入太阴气分，滞于肺经气分无法外达则出现恶热；火热循经炎上则面赤；热邪蒸腾，逼津外泄，温热乃为阳邪，易伤阴津，故出现大汗、渴甚之象。舌黄、脉浮洪皆是温热之邪壅于太阴肺经的表现。温热之邪最易伤阴，故口渴是温热类病的常见症状，也是临床辨证的重要依据。白虎汤药重力猛功专，清气分之大热，正如吴瑭所言："辛凉平剂焉能胜任，非虎啸风生，金飙退热，而又能保津液不可。"大热、大渴、脉洪大是阳明气分热盛之三大主症，亦为白虎汤证之辨证要点，热不盛不可用白虎汤，以防凉遏之弊。后世本草书中记载石膏，性均为大寒，功效为"清热泻火、除烦"，未提及其有发汗之功效。但张锡纯认为对石膏的认识应遵《神农本草经》之旨，即"后世本草，未有不认为石膏为大寒者，独《本经》以为微寒。"除提倡石膏"性微寒"的说法外，张锡纯还认为石膏性善发表，可解肌发汗。他说："若阳明之实热，一半在经，一半在腑，或其热虽入腑而犹连于经，服白虎汤后，大抵皆能汗出。若阳明之热已尽入腑，服白虎汤后，大抵出汗者少，不出汗者多，其出汗者热可由汗而解，其不出汗者其热亦可内消。盖石膏质重气轻，其质重也可以逐热下行，气轻者可以逐热上出，俾胃腑之气化升降解湛然清肃，外感之热自无存留之地也。"

6. 慢性咽炎

案例： 李某，女，30岁。

主诉：反复咽干咽痛1年余，加重1周。

病史：患者咽干、咽痒、咽痛、干咳1年余，病情反复，每遇感冒、劳累、熬夜、辛辣食物、情绪激动后易发，因工作原因长期晚睡，晨起刷牙时恶心干呕，白日咽中若有异物梗塞，或如炙脔，咽之不下，咯之不出，但不影响吞咽。曾服用抗生素及多种中成药，疗效欠佳。近1周因生气后出现症状加重。

症见：自觉咽干咽痒，稍咳嗽，咯少量白痰，痰黏难咯，咽痛不适，口渴喜饮，口臭，饮食如常，喜辛辣饮食。大便干结2～3日1次，小便正常，心烦易怒，夜间睡眠易醒，多梦，月经周期正常，经量偏少。舌红苔薄白中心微黄，脉弦滑。

查体：咽部充血红肿，咽后壁淋巴滤泡增生，双侧扁桃体不大，未见脓点及异常分泌物。

西医诊断：慢性咽炎。

辨证：肺胃热盛，气滞痰凝。

治法：清热化痰，行气导滞。

处方：半夏厚朴汤、清咽利膈散加减。

法半夏15 g	厚朴15 g	茯苓15 g	紫苏子15 g
牛蒡子15 g	银花30 g	连翘15 g	栀子15 g
玄参30 g	桔梗30 g	麦冬15 g	生石膏30 g
知母15 g	生甘草10 g		

上药水煎，熬开10分钟，每次服150 mL，每日3次。

按语：慢性咽炎是指咽部黏膜、黏膜下及淋巴组织的慢性炎症，常见咽干、咽痛、咽部异物感、干咳少痰等临床表现，其病程长，复发率高。本病属中医"喉痹"范畴。"喉痹"之名首先见于《五十二病方》，《素问·阴阳别论》篇中提道："一阴一阳结，谓之喉痹"，王冰注解曰："一阴谓心主之脉，一阳谓三焦之脉，三焦、心主，脉并络喉，气热内结，故为喉痹。"《内经》是从十二经角度来解释喉痹的发病机制的。一阴为厥阴，二阴为少阴，三阴为太阴；一阳为少阳，二阳为阳明，三阳为太阳。"一阴"为"心主之脉"，即指手厥阴心包经、足厥阴肝经；"一阳"为"三焦之脉"，即手少阳三焦经、足少阳胆经。肝胆属木易化火，心包三焦属火，四经皆从热化，并络于喉，因此四经感邪易结郁化火，发为喉痹。《寿世保元》言："一阴者，手少阴君火，心主之脉气也；一阳者，手少阳相火，三焦之脉气也。二脉并络于喉，气热则内结。夫推原十二经，惟足太阳别下项，其余皆凑于喉咙。然内经何独言一阴一阳结为喉痹盖君相二火。独胜而热。"由此可知，"结郁化火"是喉痹的重要病机，在临床辨治喉痹时，针对具备上焦热盛症状的患者，张老多以清热利咽法针对局部症状，同时配合疏肝解郁、滋阴润燥、补益肺胃等法。在选方上，张老常选用清咽利膈汤加减。该方出自《幼科金针》，主治咽喉腮舌肿痛。

随着生活节奏增快，人的工作压力及精神压力不断增加，焦虑、抑郁症状的发生率逐年上升，尤其以女性多见。加上饮食不规律，脾胃虚弱，肝郁乘土，肝脾失和，痰热互结于咽，逐渐演变为慢性咽炎。临床在清利咽喉的基础上，辅助以疏肝解郁、理气健脾为法。梅核气即喉痹之同病而异名者，类似于西医的癔球症。癔球症是主观上有某种说不清楚的东西或团块，在咽底部环状软骨水平处引起胀满、受压或阻塞等不适感。普通人群中的一半可间歇性地有此感觉，但以绝经期女性多见，患者在发病中多有精神因素。半夏厚朴汤是治疗梅核气要方，《金匮要略·妇人杂病脉证并治第二十二》云："妇人咽中如有炙脔，半夏厚朴汤主之。"所谓"炙脔"，比喻堵塞咽喉中的痰涎，吐之不出，吞之不下，古人称之为"梅核气"，女性尤其多见。《医宗金鉴》云："此病得于七情郁气，凝涎而生，故用半夏、厚朴、生姜辛以散结，苦以降逆，茯苓佐半夏，以利饮行涎，紫苏芳香，以宣通郁气，俾气舒涎去，病自愈矣。"故张老在治疗具有敏感多思、忧郁悲伤、急躁易怒等情志症状患者时，常以半夏厚朴汤为主方，配合逍遥散、柴胡疏肝散等疏肝解郁，调畅情志。

在慢性咽炎患者中，有一部分发病与季节变换有明显关系，尤其以秋天为甚，主要考虑阴虚肺燥。《灵枢·经脉》曰："肾足少阴之脉……其直者，从肾上贯肝膈，入肺中，循喉咙，挟舌本。"虽然十二经脉中除手厥阴心包经和足太阳膀胱经之外，其余诸经皆与咽喉有关，但最密切的应当是肺肾二经。张老指出，咽喉虽属肺系，但与肾有着不可分割的联系，肺属金，肾属水，二者在五行是相互资生的母子关系。在病理上外邪侵袭肺之门户，日久耗伤肺阴，肺阴不足累及肾阴，肾精不能上滋肺阴，亦不能上荣咽喉；或肾阴本不足，阳失潜藏，浮越于上，熏灼咽喉；或肾阳不足，火不归原而致咽喉不利。此类患者多见于长期熬夜、房劳过度的患者，临床以咽干或辣为主，阴虚者可见五心烦热、午后潮热，舌红少津或舌有裂纹，脉细或细数，方选六味地黄汤加玄参、麦冬；阳虚者多干痒不适或咽部有异物梗阻感，口干不欲饮或饮量不多，伴见头面部烘热，咽干、声嘶，方用麦门冬汤加减，既滋阴增液使燥邪外出得以濡润，又养肺益胃、清利咽喉，共奏滋阴润肺、生津益胃之效。

7. 急性扁桃体炎

案例1：钱某某，男，14岁。

主诉：发热伴咽痛2天。

病史：2天前受凉后出现鼻塞流涕、咽喉不适等症，未予重视，进食辛辣饮食后出现咽痛加重，伴发热，服用感冒清热颗粒等药，症状未见缓解，遂来就诊。否认慢性病史、药敏史。

症见：咽痛咽痒，发热，咳嗽少痰，口干口臭，纳眠差，小便短黄，大便干每日解，舌红苔黄，脉数。

查体：体温38.5℃，双侧扁桃体鲜红，Ⅱ度肿大，可见白色脓点及分泌物。余无异常。

西医诊断：急性化脓性扁桃体炎。

辨证：肺胃热盛，热毒熏喉。

治法：清热解毒。

处方：普济消毒饮加减。

黄芩15 g	金银花15 g	桔梗30 g	板蓝根15 g
马勃15 g	牛蒡子15 g	玄参15 g	生升麻15 g
柴胡15 g	天花粉30 g	薄荷15 g	薏苡仁30 g
僵蚕15 g	连翘15 g	生甘草15 g	

上药水煎，熬开10分钟，每次服150 mL，每日3次。

二诊：服药2剂，咽痛减轻，无鼻塞、喷嚏、流涕，无口干微渴，无畏寒、发热，查体见咽部充血较前减轻，双侧扁桃体仍肿大，但表面已无脓点。继续服用上方2剂后咽痛不适缓解。

案例2：张某，女，22岁。

主诉：咽喉肿痛1天。

症见：咽痛不能进食，口干口苦，小便黄赤，大便2日未解，舌质红，苔黄腻，脉数。

查体：咽部充血，双侧扁桃体Ⅲ度肿大，表面布满脓苔。

辨证：热毒壅盛。

治法：清热解毒。

方剂：普济消毒饮加减。

黄芩 30 g	黄连 15 g	牛蒡子 15 g	玄参 30 g
桔梗 30 g	升麻 15 g	板蓝根 30 g	柴胡 15 g
马勃 15 g	连翘 30 g	金银花 30 g	陈皮 15 g
僵蚕 15 g	薄荷 15 g	天花粉 30 g	白芷 15 g
薏苡仁 30 g	甘草 10 g。		

水煎，嘱患者少量频服。服 3 剂后痛止热退，6 剂后脓散肿消而痊愈。

按语：急性化脓性扁桃体炎属中医"乳蛾"范畴，《外科正宗》将本病分为虚火乳蛾和实火乳蛾，其发病原因分内外两种，外因主要由风热侵袭、饮食不节所致；内因则主要为脏腑功能失调，以致痰火积热上攻、水亏火炎、虚阳上攻等，与肺胃等脏腑病变关系密切。张老指出，急乳蛾多为实火，与"结郁化火"仿若，治法有类喉痹，初期也可以清咽利膈汤化裁。但急性扁桃体炎尤其是化脓性扁桃体炎病情较甚，更当以大剂苦寒药物，方能直折病势。成都中医药大学附属医院急诊科曾制订急乳蛾中医方案用于治疗急性扁桃体炎，将急乳蛾分为风热外犯证和热毒炽盛证，以具备咽痛逐渐加剧、灼热、吞咽时疼痛加剧、发热、微恶风、头痛、咳嗽、扁桃体红肿、舌边尖红、苔薄白、脉浮数等临床表现者为风热外犯证；具备咽痛较甚、吞咽困难、身壮热、口渴、大便秘结、咽部及扁桃体充血红肿、或已成脓或未成脓、舌红、苔黄、脉数者为热毒炽盛证。风热外犯证治以银翘散加减疏风清热；热毒炽盛证以清热解毒，未成脓者以普济消毒饮去黄连加金银花，已成脓者以普济消毒饮去黄连加金银花、天花粉、薏苡仁。依托国家中医药管理局重点学科、重点专科建设项目，由张老主持，在全国范围开展了急乳蛾中医方案的临床验证和推广工作，在43家医疗机构共纳入急乳蛾患者1216例，取得较好的临床效果。张老运用普济消毒饮取"火郁发之"之意，与其单用清热解毒之品苦寒直折其热，不如同时使用辛温透散之品给邪以出路，后者更利于清除热毒。诸药配伍，共收疏散风热、清热解毒之功。临床实践也证明，清热解毒合用辛温透散比单用清热解毒的病人更容易痊愈，且不易复发，同时也为临床治疗类似疾病提供了较好的思路。

8. 支气管扩张症

案例 1：李某，男，51 岁。

主诉： 反复咯血 10 年，复发 1 周。

病史： 患者 10 年来反复咯血，咯黄色痰液，痰中夹杂血块，偶为鲜红色血液，量少。当地医院长期抗感染，对症止血等治疗，效果欠佳，反复发作；1 周前上诉症状复发。既往有吸烟病史。已戒烟 8 年。平素性情急躁。

症见： 咳嗽，咯黄色痰液，血色鲜红，量约 10 mL，性情急躁，发热汗出，口干喜冷饮，舌红苔黄腻，脉弦数。

查体： 体温 37.6 ℃，血压 135/68 mmHg，肋间隙增宽，双肺呼吸音粗，背部闻及粗湿罗音。

辅助检查： 胸部 CT 见支气管局部增厚，见柱状。右中叶见少许阴影。

西医诊断： 支气管扩张症。

辨证： 肝火犯肺证。

治法： 清肝泻火，凉血止血。

处方： 龙胆泻肝汤合咯血方加味。

龙胆草 15 g	焦栀子 30 g	黄芩 15 g	车前草 30 g
泽泻 30 g	白木通 15 g	生地黄 30 g	当归 15 g
桔梗 30 g	仙鹤草 30 g	侧柏叶 30 g	白茅根 30 g
白及 30 g	甘草 10 g	青黛 15 g	全瓜蒌 30 g
海浮石粉 30 g	煨诃子 15 g		

上药水煎，熬开 15 分钟，每次 150 mL，每日 3 次，每日 1 剂。

二诊： 患者服用三剂后，咯血量减少，身热减退。效不更方，继续服用 6 剂未再咯血，咳嗽渐止。

按语： 张老认为，肝与肺的关系主要表现为人体气机升降调节方面的对立制约关系。肺在上为华盖娇脏、主气，肝在下焦为刚脏，主藏血，上下匹配，血脉运行和储藏适度则安和。肝气以升发为宜，肺气以肃降为顺。肝升肺降，升降协调，对全身气机的调畅，气血的调和，起着重要的调节作用。肺气充足，肃降正常，有利于肝气的生发；肝气疏泄，升发条达，有利于肺气的肃降。肝升与肺降，既相互制约，又相互为用。张老认为肝气升发太过或肺气肃降不及易出现"肝火犯肺""木火刑金"，表现为咯血等症。肝为风木之脏，相火寄之，阴血藏之，体阴而用阳，肝阳亢盛，风阳上旋，反侮及肺，灼伤血络。独以清肺，嫌似扬汤止沸，难以取效，并以清肝调血，火自降熄，乃为上策，故宜寓清肝于止血治疗之中。上述处方中龙胆泻肝汤清肝胆实火，龙胆草大苦大寒，上清肝胆实火，下泻肝胆湿热；黄芩、焦栀苦寒泻火解毒、燥湿清热；车前、木通、泽泻导热下行，从水道而去，使邪有出路；生地养阴、当归补血；肝体阴而用阳，性喜条达恶抑郁，火邪内郁，肝胆之气不舒，柴胡舒畅肝胆；仙鹤草、侧柏叶、白茅根、白及止血。故能使肝火得消、肝升肺降、气机调畅，故诸证息除。

案例 2：兰某，女性，38 岁。

主诉：反复咯血 6 年，复发 1 天。

病史：患者 6 年前患者反复咳嗽，咯鲜红色血液，量约 300 mL，当地 CT 提示支气管呈囊状扩张。住院予垂体后叶素对症止血，抗感染等对症治疗，症状好转。后反复发作。1 天前患者症状复发。

症见：咳嗽阵作，干咳少痰，痰中带血，口干咽燥，潮热盗汗，舌质红，脉细数。

查体：体温 36.5 ℃，血压 129/62 mmHg。左肺闻及湿啰音。

辨证：阴虚肺燥。

治法：滋阴清热，润肺止血。

处方：百合固金汤加味。

百合 30 g	熟地黄 30 g	当归 15 g	生地黄 30 g
桔梗 15 g	浙贝母 15 g	麦冬 15 g	玄参 15 g
仙鹤草 30 g	侧柏叶 30 g	白茅根 30 g	白及 10 g
地骨皮 15 g	知母 30 g	鳖甲 30 g	秦艽 15 g

银柴胡 15 g　　　　白芍 30 g

上药水煎，熬开 15 分钟，每次 150 mL，每日 3 次，每日 1 剂。

二诊：服用 3 剂后患者咯血量减少，咳嗽、潮热症状缓解，继续服用上方。

三诊：服用 6 剂后未在咯血。

按语：张老认为肺为清虚之脏，清轻肃静，不耐邪气之侵，肺阴易耗损，虚火上炎。又肺肾为子母之脏，母藏子宫，子隐母胎，故水虚则金受火刑，症见咯血。故治阴虚肺燥，宣肺肾同滋，金水并调。方中百合滋阴清热，润肺止咳；生地、熟地既能滋阴养血，又能清热凉血；麦冬润肺止咳，玄参滋阴壮水，当归止咳逆上气，白芍养血和血，贝母润肺止咳化痰，桔梗清利咽喉、载药上行，仙鹤草、侧柏叶、白茅根、白及止血。虚火上炎，必滋其水，所谓壮水之主，以制阳光，故以二地助肾滋水退热，金水相生，阴血渐充，虚火自靖，痰化咳止。阴虚燥热，配伍秦九鳖甲汤加减，滋阴养血，清虚热。

（二）心脑血管疾病

1. 脑梗死

案例：徐某，男，65 岁。

主诉：左侧肢体活动不利伴口眼歪斜 16 小时。

病史：患者 16 小时前饮酒后出现左侧肢体麻木，活动不灵活，伴口角歪斜，自以为劳累，故上床睡觉，未就医。起床后发现症状加重，左侧肢体偏瘫，口齿不清。既往高血压病史，未规律服用降压药及监测血压。有抽烟史。

症见：肥胖，轮椅推入诊室，口眼歪斜，口角流涎，左侧肢体偏瘫，吐词不清，面色发白，短气乏力，口干不喜饮，口腻不仁，喉中痰声辘辘，头昏，大便干。舌淡苔厚腻，脉弦滑。

查体：体温 36.5 ℃，血压 166/95 mmHg，右侧上下肢肌力、张力正常，左侧上肢肌力 0 级，左下肢肌力 3 级，张力下降，左侧巴宾斯基征阳性。

辅助检查：头颅 CT 结果提示右侧额叶、顶叶片状低密度影。

西医诊断：急性脑梗死。

辨证：元气亏虚，痰瘀阻络。

治疗：大补元气，逐瘀豁痰开窍。

处方：中风醒脑液 25 mL po q6h；涤痰汤加味。

法半夏 15 g	厚朴 15 g	橘红 15 g	茯苓 15 g
枳实 15 g	炒白术 15 g	胆南星 15 g	竹茹 15 g
川芎 15 g	石菖蒲 10 g	瓜蒌皮 15 g	黄芩 15 g
苍术 15 g	薏苡仁 20 g	郁金 15 g	生甘草 6 g

上药水煎，熬开 15 分钟，每次 150 mL，每日 3 次，每日 1 剂。

二诊：患者服药 3 天 3 剂，左上肢偏瘫，近端肌力 0 级，远端肌力 3 级，左下肢肌力改善，可对抗一般外界阻力。自觉短气乏力症状减轻，喉中痰声消失，纳食渐增，夜间眠差，多梦易醒，舌淡苔白稍厚，脉濡。继以中风醒脑液 25 mL po q6h；中药以健脾益气、淡渗利湿，以参苓白术散合补中益气汤加减，嘱其配合肢体活动训练、肌力训练等早期康复。中药用药如下：

党参 30 g	茯苓 30 g	炒白术 15 g	陈皮 15 g
山药 30 g	莲子 15 g	薏苡仁 30 g	砂仁 15 g
桔梗 15 g	大枣 15 g	炙黄芪 30 g	柴胡 15 g
当归 15 g	石菖蒲 10 g	郁金 15 g	炙甘草 10 g

上药水煎，熬开 15 分钟，每次 150 mL，每日 3 次，每日 1 剂。

三诊：服药 3 剂，短气乏力明显减轻，食欲改善，大便质软成形每日解，可自行站立及在家属搀扶下行走，左手活动改善，可完成对指运动，可抬肩 60°，左上肢协同运动模式，嘱加强早期功能康复，继续服用中风醒脑液 25 mL po q6h。

按语：中风病已成为我国成年人群致死、致残的首位病因，如何降低中风病病死率、改善神经功能缺损，是目前医学界的研究热点。中医治疗中风病有数千年的历史，拥有较完备的理论体系和丰富的治疗方法，风、火、痰、瘀、虚等 5 种病理因素在中风发生发展过程的重要作用已获得业界公认，但大多数医家只强调个别病理因素，而忽视了该病的整体发展进程。以成都中医药大学附属医院陈绍宏教授、张晓云教授为首的研究团队长期致力于中风病（急性脑出血、急性脑梗死）的临床治疗，他们提出了"中风病核心病机"

理论，即认为中风病的核心病机是：以元气虚为本，痰、瘀、风、火是继发于元气虚的病理产物。治疗上也应遵循治病必求其本的思想，以大补元气为要务，临床才能取得满意的疗效。在此理论基础上，研制出中药制剂中风醒脑液，用于急性脑梗死和急性脑出血的治疗。中风醒脑液由红参、三七、川芎、大黄四味药组成，红参大补元气，补气而充经络，中气健运，则升降复其原职，清浊归其本位；三七和营止血，通脉行瘀，"一切瘀血皆破，一切新血皆止，血病之上药也"；川芎为血中气药，行经脉之闭涩，达风木之抑郁，散滞气而破瘀血；酒大黄决壅开塞，泻热行瘀，"关窍梗塞，非此不开。"四药合用，共奏复元醒脑、泻热熄风、逐瘀化痰之效。关于中风醒脑液的前期研究表明，该药可明显增加断颅缺血小鼠断颅后张口呼吸次数，并使断颅后存活时间有延长趋势；该药可明显延长结扎双侧颈总动脉的脑缺血小鼠的存活时间，证明该药有一定的保护缺血脑组织，改善缺血后脑功能的作用。同时体外实验表明中风醒脑液对小鼠脑组织的过氧化脂质的生成有显著抑制作用，说明其脑保护机制可能与抗自由基作用有关。中风醒脑液抗脑水肿、降颅内压的动物实验研究发现该药对颈动脉注射橄榄油和结扎同侧颈动脉的家兔实验性颅内压增高模型有明显的抑制颅内压增高的作用，抑制率达32.06%～56.34%，持续时间达5小时。在另一个动物实验中，中风醒脑液显示出对实验性脑水肿动物血脑屏障损伤的保护作用，可减轻实验动物缺血脑组织伊文思蓝蓝染程度，说明减轻血脑屏障损伤是其抗血管源性脑水肿的主要机制。

2. 脑出血

案例：余某，男，68岁。

主诉：意识不清伴肢体活动不利1小时。

病史：1小时前患者与人争吵后出现肢体活动不利，继之出现意识不清，二便失禁。既往高血压病史。

症见：意识不清，呼之不应，面红，喉中痰鸣，二便失禁，舌红苔厚黄，脉弦滑。

查体：T36 ℃，BP180/100 mmHg，意识不清，双瞳孔不等大，左侧瞳孔直径 3 mm，右侧瞳孔约 1.5 mm，对光反射迟钝。四肢肌张力不高，右侧巴宾斯基征、戈登征阳性。

辅助检查：头颅 CT 结果提示右侧基底节区出血。

西医诊断：急性脑出血。

辨证：肝阳上亢，气血逆乱。

治法：逐瘀化痰，醒脑开窍。

处方：中风醒脑液 25 mL 鼻饲 tid；镇肝熄风汤加减。

怀牛膝 30 g	代赭石 30 g	生牡蛎 15 g	生龙骨 15 g
川楝子 15 g	白芍 15 g	天冬 15 g	麦冬 15 g
玄参 15 g	陈皮 15 g	黄芩 15 g	石菖蒲 15 g
胆南星 15 g	竹茹 15 g	茵陈 15 g	生甘草 10 g

上药水煎，每次鼻饲 150 mL，每日 3 次。

服药 1 剂，患者意识渐清，可辨认亲人，言语謇涩，二便失禁，左侧肢体时不自主抽动，舌红苔黄，脉弦，继续鼻饲中风醒脑液，去原方醒脑开窍成分，加强平肝熄风力量，用药如下：

怀牛膝 30 g	代赭石 30 g	生牡蛎 15 g	生龙骨 15 g
白芍 15 g	钩藤 30 g	麦冬 15 g	黄芩 15 g
玄参 15 g	陈皮 15 g	天麻 15 g	水牛角 15 g
浙贝母 15 g	地龙 10 g	夏枯草 15 g	生甘草 10 g

上药水煎，每次鼻饲 150 mL，每日 3 次。

同时配合针刺和肢体康复训练，患者抽动症状明显减轻，肢体肌力、功能状态逐渐改善，继以中风醒脑液配合健脾益气中药治疗。

按语：脑出血指脑实质血管破裂引起出血，占所有脑血管病 20% 左右。脑出血急性期病死率高达 30%～40%。脑出血与脑梗死统称为脑卒中，脑梗死为血管堵塞，脑出血为血管破裂，二者病理机制和疾病性质具有明显差别，但在中医辨证施治上却殊途同归。脑出血的根本病机是气血逆乱，上冲脑脉，血溢脉外。"离经之血便是瘀""瘀不祛则水生"，瘀血阻于脑络，蒙蔽清窍，留滞经脉，故产生系列临床症状。清代唐容川《血证论》曰："此血在身不能加于好血，而反阻新血生化之机，故凡血证总以祛瘀为要""瘀血不祛，则出血不止，新血不生"。因此，脑出血和脑梗死的中医病机特征相同，故张老认为活血化瘀法并非脑出血急性期的禁忌证，但急性期不推荐应用药效猛烈的破血逐瘀药物，如水蛭、虻虫、三棱等，以免引起再次出血。可根据患者病情辨证使用川芎、三七、丹参、鸡血藤等益气活血中药。中风醒脑口服液是在全国著名中医急症专家、国医大师陈绍宏教授"中风病核心病机"理论指导下研制的院内制剂，"核心病机论"认为中风病的核心病机是：元气亏虚、痰瘀互阻、风火相煽。其中以元气虚为本，痰、瘀、风、火都是继发于元气虚的内生之邪；治疗上应遵循"治病必求其本"的思想，以大补元气为要务。在此理论基础上，提出"复元醒脑、逐瘀化痰、泄热熄风"多法并举的治法。中风醒脑液的疗效经过多个临床研究验证，能改善脑出血、脑梗死患者预后、改善肢体功能，提高生活质量。因是院内制剂尚未开发新药上市，遂根据其主要成分拟定中风醒脑方，由红参、三七、川芎、丹参组成，2009年在张老主持下，在全国33家医疗机构开展临床试验，结果表明，复元醒脑、泻热熄风法治疗出血性中风能降低出血性中风患者的病死率，能促进血肿吸收，改善神经功能缺损。

3. 高血压病

案例：王某，男，49岁。

主诉：眩晕头胀头痛1周。

病史：患者自述近来工作繁忙及应酬多，夜间休息欠佳，感觉眩晕偶视物旋转，头昏头痛，双侧太阳穴胀闷不适，休息后可减轻。1周前生气后出现症状加重，休息后缓解不明显。既往高血压病史。

症见：头晕头胀痛，面红，耳鸣如蝉，口干喜饮，口苦，食欲下降，急躁易怒，胸胁满闷，大便干结3日未解。舌红苔黄，脉弦数有力。测血压165/95 mmHg。

诊断：高血压病。

辨证：肝火上炎。

处方：龙胆泻肝汤加减。

| 龙胆草 15 g | 栀子 15 g | 柴胡 15 g | 黄芩 15 g |

生地黄 30 g	夏枯草 10 g	车前草 10 g	当归 15 g
泽泻 15 g	丹皮 15 g	白芍 30 g	酒大黄 10 g
当归 15 g	香附 15 g	郁金 15 g	生甘草 10 g

上药水煎，每次口服 150 mL，每日 3 次。嘱大便通后去大黄。

服药 1 剂后大便通畅，每日 2～4 次，头胀头痛有所减轻，自行去大黄继续服药。3 剂后头昏头胀、口苦口干缓解，共服药 6 剂。二诊测血压 140/90 mmHg，自述首诊症状明显缓解，希望改善夜间睡眠多梦，望其舌红苔黄，脉弦滑，考虑肝郁化火，予清热泻火，疏肝解郁。用药：

丹皮 15 g	栀子 15 g	当归 15 g	柴胡 15 g
薄荷 15 g	茯神木 15 g	香附 15 g	郁金 15 g
黄芩 15 g	夏枯草 15 g	赤芍 15 g	酸枣仁 15 g
知母 15 g	生甘草 10 g		

上药水煎，每次口服 150 mL，每日 3 次。

按语：高血压病是临床常见多发病，是心脑血管疾病的重要危险因素，随着社会生活方式和饮食习惯的改变，高血压病的发病率逐年升高。张老认为，高血压病初期多为肝阳上亢、肝火上炎，病久失治，可累及肝肾真阴，渐至肝肾阴亏、阴虚火亢。正如《素问·至真要大论篇》云："诸风掉眩，皆属于肝"；金代刘完素在《素问玄机原病式·五运主病》曰："所谓风气甚而头目眩运者，由风木旺，必是金衰，不能制木，而木复生火，风火皆属阳，多为兼化；阳主乎动，两动相搏，则为之旋转。"又如陈士铎《辨证录》云："无肾水以润肝，则肝木之气燥，木中龙雷之火，时时冲击一身，而上升于巅顶，故头痛而且晕也。"本病病性总体为虚实夹杂，中青年患者实证多于虚证，老年及久病失治患者以虚证居多。治疗方面，初期多用龙胆泻肝汤为基础方加减，以清泻肝火直折病势；或天麻钩藤饮加减清热熄风、平肝潜阳、补益肝肾。虚证可选用左归丸加减，挟痰者配伍半夏白术天麻汤，或加竹茹、橘红、胆南星，挟湿者加薏苡仁、滑石、石菖蒲等。本案患者中青年男性，临床表现一派实证，辨证为肝火上炎，以龙胆泻肝汤加味，配伍大黄引肝经实热从大便而出，加强清泻肝火之效。另外，考虑患者因情志过激致病，故加用香附、郁金疏肝经郁火，重用白芍养血柔肝缓急，取"壮水之主，以制阳光"之意。

4. 眩 晕

案例 1：龙某，女，70 岁。

主诉：反复头晕 2 年，加重 1 周。

现病史：于 2 年前无明显诱因经常出现头晕，伴头部胀痛，情绪变化或睡眠差时加重。否认高血压病病史。

症见：双侧太阳穴处胀痛不已，情绪焦虑，口干口苦，夜寐欠佳，易自汗出，纳食可，大便偏干，小便黄，舌红苔黄腻，脉弦滑数。

查体：血压 151/101 mmHg。

西医诊断：高血压病。

中医诊断：眩晕。

辨证：肝郁化火，亢逆于上。

治法：清肝泻火，息风止眩。

处方：龙胆泻肝汤合红龙夏海汤加减。

龙胆草 15 g	黄芩 15 g	柴胡 15 g	栀子 15 g
车前草 30 g	泽泻 30 g	赤芍 15 g	生地黄 15 g
当归 15 g	怀牛膝 30 g	地龙 15 g	夏枯草 30 g
海藻 15 g	浮小麦 30 g	薏苡仁 30 g	炒白术 30 g

6 剂，水煎服，两日 1 剂，每次服用 100 mL。饭后温服，嘱其定期监测血压情况。

按语：患者一派肝火亢逆之象，肝火冲于上，故见头胀痛、口干苦，肝火扰心则神不安而寐欠佳，苔黄而腻，湿与热也，湿热内蒸，故见汗出。故知其为肝失疏泄、火热上冲、湿热内蕴之象，治之则调肝气、降肝火、利湿热，以龙胆泻肝汤合红龙夏海汤化裁治疗。以龙胆泻肝汤疏肝气、养肝血、清湿热、降逆火，以红龙夏海汤清热平肝，增强降逆泻火之力，以浮小麦清心除烦、止汗出，薏仁、白术健脾，防肝病之传脾。诸药合用，邪气除，肝气平，自不上冲而为逆，头晕自止。红龙夏海汤由怀牛膝、地龙、夏枯草、海藻四味组成，具有清肝、平肝、潜阳、镇痉、熄风之效，属高血压类方。

方以牛膝苦酸以补肝降逆,引上逆之气血下行,地龙咸寒以清肝泻火止惊,夏枯草苦辛而寒以理肝气、泄肝热、散结滞,海藻咸寒清热散结,以火热内盛,亦炼津成痰。故四药合用,既可理肝气,又可调肝血,更可泄肝热、降逆血、散结滞。邪气除,肝之体用和,自无上冲亢逆之变。

案例2:钟某,女性,39岁。

主诉:反复头昏1个月。

现病史:患者1个月前无明显诱因经常发作性头昏,以晨起及下午为主,伴太阳穴处胀痛不已,既往有高血压病病史3年,未规律服用降压药,无恶心呕吐,无视物旋转。

症见头昏于情绪紧张时加重,伴焦虑,易自汗出,夜寐欠佳,口干口苦,纳食可,大便偏干,小便灼热,舌质红,苔少,脉弦数有力。

查体:血压145/95 mmHg。

西医诊断:高血压病。

中医诊断:眩晕。

辨证:肝郁化火。

治法:清泻肝火,解郁止眩。

处方:龙胆泻肝汤合红龙夏海汤加减。

龙胆草15 g	黄芩15 g	柴胡15 g	焦栀子15 g
车前草30 g	泽泻30 g	赤芍15 g	生地黄20 g
当归15 g	怀牛膝30 g	地龙15 g	夏枯草30 g
海藻15 g	浮小麦30 g	薏苡仁30 g	炒白术30 g

6剂,水煎服,两日1剂,每次服用100 mL,饭后温服,嘱其定期监测血压情况。

复诊:自述药后血压无明显升高,平素稳定在130/80 mmHg,头昏头痛症状较前明显缓解。

处方:守上方去龙胆草、黄芩,加菊花、枸杞子巩固疗效。

按语:中医古代文献对高血压病有相关记载,多集中体现在"眩晕""头痛"中,《素问·至真要大论篇》有"诸风掉眩,皆属于肝"。《素问·标本病传论篇》曰："肝病，头目眩，胁支满。"张老强调肝在高血压病发病与治疗中的重要地位，肝属木，主疏泄，调畅情志，体阴而用阳，若情志失调，肝气不疏，气郁化火，灼伤阴血，肝阳偏亢，上犯清窍发为眩晕、头痛；或操劳过度，耗伤肝肾之阴，或恣情淫欲，耗竭肾精，以致肝肾阴亏，阴虚阳亢，水不涵木，终致阴不制阳，肝之阴阳失调，肝之阳气升而无以制亢，肝阳化风，鼓动血脉，血随气逆，循经上冲头目，则眩晕、头痛、血压升高。由此可见，肝脏阴阳失调是高血压病的重要因素之一。患者因情志不遂致肝气郁结，郁久化火，循经上冲头目，则眩晕、头痛、血压升高，肝肾亏虚，阳不入阴，故发不寐。口干口苦，舌质红，苔少，脉弦数为肝郁化火之证，治宜清肝泻火，本例采用龙胆泻肝汤合红龙夏海汤加减收效。方中龙胆草、夏枯草清泻肝火，怀牛膝滋补肝肾兼能活血化瘀共为君药；柴胡疏理肝气，黄芩清热，两者相合平少阳之热为臣药；当归和血养血，生地黄清热凉血兼滋补肝肾，两者相伍以防阳燥之品太过伤阴；地龙平肝，清热通络；海藻软坚消痰、利湿泄热；焦栀子清三焦之火；车前草、泽泻共济利湿之功；生白术既可通便又可防止用药过于寒凉损伤脾胃，浮小麦敛汗安眠共为佐使药。诸药相伍，共奏清肝、平肝、通络散结、调和阴阳之功，兼顾化痰祛瘀，功专于肝而兼顾脾肾。

4. 冠心病

案例：刘某，男，68岁。

主诉：反复心前区憋闷疼痛6年余。

病史：反复发作性心前区憋闷、疼痛6年余，疼痛为阵发性胀痛，持续时间较长，多数为半小时左右，偶尔大于1小时，采用休息的方式症状缓解不明显，需交替含服 2~3 次硝酸甘油和速效救心丸始减轻。每周发作 1~2 次，劳累、饱食、夜间休息不好易发，曾行冠脉造影提示冠脉左前降支狭窄75%，未安置支架。近日油腻饮食后发作较前频繁，故来就诊。有高血压病、高脂血症病史。告知疾病风险，患者仍拒绝住院。

症见：就诊时无明显不适，发作时心前区憋闷，胀痛、钝痛，放射至左胸胁及左上肢，每次发作持续约30分钟，每日发作1~2次，伴短气乏力，心悸心慌，口淡无味，不思饮食，大便不成形，每日解。舌淡稍紫黯，苔白厚，脉弦细。

查体：血压140/68 mmHg，心率89次/分，心律不齐，心电图提示室性早搏，心肌损伤标志物检查阴性。

西医诊断：冠心病，不稳定型心绞痛。

辨证：痰瘀阻滞，胸阳不振。

治法：通阳宣痹，益气活血。

处方：瓜蒌薤白桂枝汤合膈下逐瘀汤加减。嘱清淡饮食，注意休息，调摄情志。

瓜蒌皮 15 g	薤白 15 g	桂枝 15 g	法半夏 15 g
枳实 15 g	桃仁 10 g	红花 10 g	延胡索 15 g
乌药 15 g	当归 15 g	川芎 15 g	炒白术 15 g
砂仁 15 g	赤芍 15 g	香附 15 g	生甘草 10 g

上药水煎，每次口服150 mL，每日3次。

二诊：共服药6剂。服药后发作次数减少，现约2日1次，持续时间缩短为20分钟，发作时症状较前减轻，食欲改善，大便仍不成形，短气乏力，舌淡苔薄白，脉弦细。原方继续服用，加独参汤（红参10 g泡水代茶频繁，每日更换）。再服6剂后患者心悸乏力症状缓解，心绞痛减少为7~10日一发，每次发作数分钟。

按语：关于不稳定型心绞痛的临床诊疗，张老认为辨证施治对于减少症状发作次数、减轻发作强度、缩短发作时间具有较显著的疗效，但应该注意两点：第一，近年来随着对本病规范化治疗要求的不断提高，介入治疗的开展越来越多，本病病情极不稳定，易发展为心肌梗死，辨证应用中药应建立在对病情的充分把握和对疾病本质认识的基础上，临床医生应时刻把患者利益放在首位，不能贻误患者开展介入治疗时机；第二，张仲景在《金匮要略》将本病病机高度概括为"阳微阴弦"，"阳微阴弦"的结果是心脉痹阻，故本病急性发作时应以活血化瘀为主要治法，配合益气、温阳、化痰等法，临床才能快速起效，为患者提供更多的选择机会。

5. 心　衰

案例：许某，女，56 岁。

主诉：反复胸闷心悸 30 年，水肿 2 个多月，咳喘 5 天。

现病史：30 年前出现胸闷心悸反复发作，在当地医院诊断为风湿性心脏病、二尖瓣狭窄，未作特殊治疗。此后胸闷心悸反复发作，劳累或受凉后加重，多次在当地医院就诊，行心电图提示心房纤颤、室性早搏，间断服用扩血管、强心药物，症状反复并逐年加重。2 个月前出现胸闷心悸、心累、咳嗽咯泡沫痰，稍活动后加重，夜间不能平卧，伴双下肢水肿，逐渐波及全身，服用利尿药、强心药等，症状无明显缓解。5 天前诸症加重，不活动也喘，张口呼吸，全身水肿，遂来住院。症见：口唇发绀，面色发白，端坐呼吸，活动受限，畏寒汗出，全身水肿，下肢为甚，脘腹胀满，纳食呆滞，大便干结，小便短少，舌暗、淡胖有齿痕，脉沉细。

既往史：否认高血压糖尿病病史，否认药物过敏史。

查体：体温 36.5℃，脉搏 60 次/min，呼吸频率 22 次/min，血压 112/65 mmHg，血氧饱和度 85%。发育正常，营养欠佳，神志清，面色发白，慢性病容，端坐位，眼睑、颜面及全身凹陷性水肿，口唇中度紫绀，颈静脉怒张。胸廓对称，双肺呼吸音粗，可闻及散在湿性啰音，双下肺叩浊音，呼吸音低，肋间隙稍饱满，第一心音强弱不等，心律绝对不齐，心界扩大，心尖部可闻及Ⅲ级双期杂音。腹膨隆，肝未及肿大，肝-颈静脉回流征阳性，移动性浊音阳性，双下肢对称性凹陷性水肿，神经系统阴性。

心电图检查：心房纤颤、室性早搏。

西医诊断：风湿性心脏病、心脏长大、心律失常、慢性心衰急性发作。

中医诊断：心衰——阳虚水泛。

治疗：温阳行水，益气活血。

处方：参麦饮、五苓散合膈下逐瘀汤加减。

用药一：

茯苓 30 g	猪苓 30 g	桂枝 15 g	炒白术 30 g
泽泻 15 g	桃仁 10 g	红花 10 g	柴胡 15 g

赤芍 15 g	乌药 15 g	当归 10 g	川芎 10 g
丹参 15 g	延胡索 10 g	五灵脂 10 g	香附 10 g
生甘草 5 g			

水煎，每次服 100 mL，每日 3 次。

用药二：

| 红参 30 g | 麦冬 15 g | 五味子 10 g |

泡水代茶少量频服。

服药后患者小便量明显增多，第一日小便总量 1800 mL，第二日 2500 mL，全身水肿、咳嗽、呼吸困难等症逐渐减轻，夜间由端坐位到高枕卧位，到最终能平卧休息，食量渐增，精神好转，继续原方服用，渐可下床在床边活动，住院半月好转出院。

按语：心主血脉，藏神志，为五脏六腑之大主、生命之主宰。心为阳中之太阳，以阳气为用。心的阳气能推动血液循环，维持人的生命活动，使之生机不息，故喻之为人身之"日"。心脏阳热之气，不仅维持了心本身的生理功能，而且对全身又有温养作用。《血证论·脏腑病机论》云："心为火脏，烛照万物"，故脾胃之腐熟运化，肾阳之温煦蒸腾，以及全身的水液代谢、汗液的调节等，心阳皆起着重要作用。《慢性心力衰竭中医诊疗专家共识》建议心衰病的治疗，或益气活血，或益气养阴活血，或益气温阳活血，在此基础上若兼夹痰饮者则加用化痰利水法，始终坚守"益气、活血、利水"三大法则。张老认为心阳虚、水气凌心是心衰病的主要病机，提倡"温阳化气行水"这一基本原则，在此基础上配合活血化瘀、疏肝解郁、健脾行气、化痰等治法，可以获得较好的临床疗效。

（三）消化系统

1. 慢性胃炎、消化性溃疡

案例：史某某，男，43 岁。

主诉：反复剑突下饥饿性疼痛 6 个月。

现病史：反复剑突下、上腹部饥饿性隐痛，进食后可减轻，伴嗳气反酸，行胃镜检查提示慢性非萎缩性胃炎、胃窦溃疡，幽门螺杆菌（+），经西医抗幽门螺杆菌治疗后仍反复发作。有脂肪肝史，吸烟史、长期熬夜史，因工作原因饮食不规律，无饮酒史。

症见：剑突下、上腹部隐痛，遇饥饿时易发，进食后可减轻。餐后腹胀、嗳气，反酸，肠鸣矢气频，口干稍苦，嗳气或矢气后腹胀减，大便干每日解，舌淡苔白脉弦滑。

西医诊断：消化性溃疡；慢性非萎缩性胃炎。

辨证：肝郁脾虚。

治疗：疏肝健脾，和胃止痛。

选方：柴胡疏肝散、香砂六君子汤合芍药甘草汤加减。

用药：

醋柴胡 15 g	酒白芍 30 g	香附 15 g	枳实 15 g
法半夏 15 g	川木香 10 g	陈皮 15 g	砂仁 10 g
党参 30 g	炒白术 15 g	茯苓 15 g	山药 15 g
鸡内金 10 g	黄连 6 g	生姜 15 g	炙甘草 10 g

水煎服，熬开 15 分钟，每次 150 mL，每日三次，并嘱规律饮食，减少抽烟。

二诊：服药 6 剂，嗳气、腹胀明显减轻，疼痛发作频率减少，但多食后仍腹胀，大便每日 2 次，口干不欲多饮。予香砂六君子汤加味 10 剂后症状缓解。

川木香 10 g	砂仁 15 g	党参 30 g	炒白术 15 g
法半夏 15 g	茯苓 15 g	陈皮 15 g	炙黄芪 15 g
薏苡仁 30 g	山药 30 g	桔梗 15 g	鸡内金 10 g
酒白芍 15 g	醋柴胡 15 g	生姜 15 g	炙甘草 10 g

水煎服，熬开 15 分钟，每次 150 mL，每日三次。

按语：消化性溃疡是消化系统的常见多发病，张老指出饮食不节、情志不遂是本病最常见的病因，而肝气不舒在本病中占有重要地位。随着现代社会生活节奏的增快，人们的精神压力、生活习惯、饮食习惯有了很大的改变，正如《素问·至真要大论》说："木郁之发，民病胃脘当心而痛。"情志不遂，忧思恼怒，致肝气郁结，气机升降失司，横逆于胃，胃失和降，气血生化乏源，遂为百病基础。肝脾不和因肝失疏泄，横逆犯脾，脾失健运，气机不利，临床表现可包括胸胁、乳房胀闷窜痛，善太息，情志抑郁或易怒，遇怒则诸症加重，腹胀，便溏不爽，泻必腹痛，泻后痛减，食欲不振，肠鸣矢气，舌苔白，或苔腻脉弦等。如《辨证录》云："夫胁虽为肝位，而肝必克脾，脾受肝克，则脾亦能随肝而作痛。"肝胃不和乃因肝气郁结，久郁化火，胃失和降，主要表现为胃脘作痛，恶心呕吐，反酸嘈杂，纳呆，呃逆嗳气，舌红苔白或黄，脉弦等症。若饮食饥饱不调，劳倦内伤，亦能导致脾虚，运化失职，清浊不分，气滞湿阻，壅遏肝木，使肝失疏泄，即"土壅木郁"。

在治疗上，张老以疏肝理气、健脾和胃为基本治法，临床多选用痛泻要方、柴胡疏肝散、香砂六君子汤、左金丸等方灵活化裁。如《医统正脉全书·活人书》曰："气郁者，疏肝健脾为主，理其气而痛自止也。"气郁化火者宜清热理气、泻肝和胃，如《类证治裁》云："因肝乘胃而脘痛者，气冲胁胀，当辛酸制木，吴萸、白芍、青皮、木瓜、厚朴、延胡、金橘……火郁致痛，发则连日，脉必弦数，当苦辛泄热，姜汁炒黄连、山栀，泻火为君，香附、川芎、陈皮、枳壳，开郁为臣，反佐炮姜从治为使。"

另外，张老特别重视本病的摄护。诊疗同时往往反复嘱咐病人重视精神与饮食的调摄，戒除不良生活习惯，减少烟、酒、辛辣、浓茶、咖啡等刺激。注意精神调摄，保持乐观开朗，心情舒畅。慎起居，适寒温，对溃疡的愈合及预防复发亦有重要意义。

2. 慢性胆囊炎

案例：李某某，女，33岁。

主诉：反复右上腹胀闷疼痛1年余。

现病史：反复右上腹发作性胀闷，隐痛，反酸，恶心1年余，进食油腻饮食后明显，曾行腹部彩超提示结石性胆囊炎。平素饮食欠规律，长期不进早餐，否认其他慢性病史。

症见：右上腹、中上腹胀闷不舒，时发隐痛，嗳气、矢气则舒，伴恶心口泛清涎，食欲不振，口干喜热饮，口苦夜甚，大便不成形，每日2~3次。舌红苔白厚，脉弦滑。

西医诊断：慢性结石性胆囊炎。

辨证：肝脾不和。

治法：疏肝理脾，消痞止痛。

方药：半夏泻心汤、黄连温胆汤合楂曲平胃散加减。

法半夏 15 g	黄连 6 g	黄芩 15 g	干姜 10 g
枳壳 15 g	竹茹 15 g	陈皮 15 g	大枣 15 g
紫苏叶 15 g	厚朴 15 g	炒白术 15 g	党参 15 g
焦山楂 30 g	建曲 15 g	茯苓 15 g	生甘草 6 g

水煎服，熬开 15 分钟，每次 150 mL，每日三次。

二诊：服上方 3 剂，上腹胀闷、隐痛等症明显减轻，仍时时恶心，口泛清涎，多食则胀，大便不成形，口苦，舌淡苔白，脉弦。予疏肝理气、健脾益胃，以香砂六君子汤合参苓白术散加减，用药如下：

川木香 10 g	砂仁 15 g	陈皮 15 g	法半夏 15 g
炒白术 15 g	党参 30 g	茯苓 15 g	白扁豆 30 g
薏苡仁 30 g	山药 30 g	莲子 15 g	桔梗 15 g
焦山楂 30 g	大枣 15 g	建曲 15 g	厚朴 15 g
炙甘草 10 g			

水煎服，熬开 15 分钟，每次 150 mL，每日三次。

三诊：服上药 6 剂，恶心、清涎症状减轻，食欲较前增加，偶饱餐后出现腹胀，但程度明显缓解，自服药后未再腹痛，大便仍不成形，偶晨起口苦口干，未再服药。此后调摄起居饮食，上述症状未再发作。

按语：本案患者以上腹部胀闷不舒，属于"痞"范围。张仲景在《伤寒论》明确提出了痞的成因、鉴别诊断与治疗，给出了半夏泻心汤、生姜泻心汤、甘草泻心汤治疗方法，后两方均为半夏泻心汤变方，从相应条文可知半夏泻心汤证除心下痞硬外，尚有呕吐、下利、肠鸣、嗳气等症。张老认为慢性胃肠炎、胆囊炎、慢性胰腺炎、消化性溃疡等消化道疾病出现"心下痞"的症状，均可以半夏泻心汤化裁进行治疗。

张老指出，半夏泻心汤是辛开苦降、寒温并用的代表方，方中以半夏、干姜之辛开以消气郁之痞，黄芩、黄连之苦降以泻心下湿热之邪，因此不应局限于芩连之寒以治热、干姜之热以治寒的思路。若气郁严重，本方可加枳实、陈皮，对于消除痞证有增效作用；湿盛者加茯苓、泽泻等；日久气阴耗伤者，加大人参用量，也可合用香砂六君子汤；热甚可加重黄连、黄芩；胆热呕吐明显者加竹茹；阳虚者加丁香、吴茱萸等；无热或热象轻者则减芩连用量。

3. 溃疡性结肠炎

案例： 朱某，男，42 岁。

主诉：反复黏液脓血便 1 年多，复发 1 周。

现病史：1 年多前辛辣饮食后出现腹痛，解脓血便，到当地医院就诊，行肠镜检查，诊断为溃疡性结肠炎，予美沙拉嗪肠溶片治疗。此后反复发作，劳累、饮酒及辛辣饮食后易发。1 周前患者进食生冷饮食后再次出现腹痛、腹泻，每日 10 余次，带黏液脓血便，伴里急后重，遂来就诊。

症见：腹痛，腹泻每日 7～10 次，带黏液脓血便，倦怠乏力，无恶心呕吐，无发热、消瘦，舌红苔微黄，脉细数。

既往史：否认其他慢性病史，无药物过敏史。

查体：腹软，脐周轻压痛，无反跳痛及肌紧张，墨菲氏征阴性，麦氏点无压痛，各输尿管点无压痛，肠鸣音 6 次/min，双肾区无叩痛，神经系统查体阴性，余未见明显异常。

西医诊断：溃疡性结肠炎。

中医诊断：肠风——湿热下注。

治法：清利湿热，凉血行气。

方药：芍药汤合葛根芩连汤加减。

赤芍 15 g	白芍 15 g	黄连 6 g	黄芩 15 g
当归 15 g	粉葛 20 g	槟榔 15 g	秦皮 15 g
陈皮 15 g	川木香 10 g	地榆 15 g	白头翁 10 g
牡丹皮 10 g	柴胡 15 g	延胡索 10 g	防风 15 g
炒白术 15 g	生甘草 5 g		

水煎，每次服 150 mL，每日 3 次。

服药后患者诉大便日行4次，脓血便，欠成形，血色鲜红，血量较前减少。服药第2日，腹痛症状减轻，大便日行2次，欠成形，少量脓血。服药3日，患者大便日1行，成形质可，无脓血，腹痛基本好转，嘱按上方继续服用3剂。

按语：溃疡性结肠炎是一种病因未明的慢性非特异性肠道炎症，临床表现为血便，可有腹痛和腹泻，重症患者可有全身症状。近年来随着饮食习惯、社会压力的改变，其发病率逐年上升。其病因不明、病程长、易反复发作，有癌变倾向，治愈十分困难，被世界卫生组织列为现代难治病之一。《景岳全书》云："饮食失节，起居不时，以致脾胃受伤，则水反为湿，谷反为滞，精华之气不能输化，乃至合污下降，而泻痢作矣。"《活人书·伤寒下利》云："湿毒气盛 则下利腹痛，大便如脓血，或如烂肉汁也"，指出下利脓血，皆源于湿毒气盛。另一方面，《辨证录·卷之七·痢疾门》曰："人有夏秋之间，腹痛作泻，变为痢疾，宛如鱼冻，久则红白相间，此是肝克脾土也"，提示肝木克脾土在本病中的地位。张老指出，本病急性期责之于湿热下注，损伤肠道血络，治宜清利湿热、凉血行气，缓解期患者多表现为大便溏薄、黏液白多赤少，或仅为白冻，辨证为脾虚夹湿，治宜健脾除湿。本病病程较长，迁延不愈，反复发作，易造成患者心理负担，故针对反复发作的患者，治疗中需考虑肝郁脾虚的病理因素，针对性给予疏肝解郁、行气活血治疗，可获得更好疗效。

（四）其他疾病

1. 睡眠障碍

案例1：何某，女，26岁。

主诉：失眠伴双侧乳房胀痛3月。

现病史：3个月前因家庭琐事而烦恼、郁闷不适，后随出现失眠，伴情绪焦虑。

症见入睡困难，双侧乳房胀痛，喜叹息，月经延迟，量少，神疲乏力，纳差，大便难解，2~3日1行，舌质淡，边有齿痕，苔白腻，脉弦细无力。

诊断：失眠——郁怒伤肝，脾失健运。

治法：调和肝脾。

方剂：参苓白术散合桂枝汤加减。

药物：

党参 30 g	茯苓 15 g	炒白术 30 g	陈皮 15 g
山药 30 g	大枣 10 g	生甘草 5 g	法半夏 10 g
生黄芪 20 g	桂枝 15 g	赤芍 15 g	枳实 10 g
浮小麦 20 g	粉葛 20 g	郁金 15 g	瓜蒌皮 15 g

6 剂，水煎服，2 日 1 剂，每日三次，每次 100 mL。

按语：患者因家庭琐事而郁怒不适，终至身体代谢失常，而致肝气郁结、心神不安，故焦虑、叹息、入睡困难。恼怒伤肝，不仅伤肝气，亦可伤肝血，若肝血伤而无血可藏，故见月经延迟、量少；木旺而克土，脾气虚弱，故见神疲乏力、纳差、大便难解，2～3 日 1 行。弦者气结，细者血不足，无力者，正气虚也，故脉弦细无力者，肝血不足，肝气郁滞，脾气不足也。乳房者，阳明所主也，木旺克土，胃气不安，经络不和，经气郁滞，经血不通，故见乳房胀痛。其证虚实夹杂而以虚为主，故以参苓白术散健脾益气，以御木侮，桂枝、赤芍、枳实、郁金者，疏肝利气也；郁金、瓜蒌皮者，行气活血、化痰通络止痛也；浮小麦以清心除烦；葛根以升脾助运。此证本为木旺克土，然久病致使脾胃虚弱，使病情由实致虚，最终以脾虚为主而兼以木旺，故治疗重点以健脾，脾旺自能御木，而又兼以疏肝养肝，化痰通络止痛。

案例 2：向某，男，50 岁。

主诉：失眠半年，加重 1 周。

一诊：失眠，易醒，醒后不易入睡，脑鸣，头胀痛，情绪烦躁，神疲乏力。舌质红，苔薄白，脉弦数。

辨证：阴虚火旺证。

治法：滋阴降火、疏肝调营。

处方：知柏地黄丸合桂枝汤、逍遥散加减。

| 桂枝 15 g | 白芍 15 g | 生姜 10 g | 生甘草 5 g |

大枣 15 g	知母 10 g	黄柏 10 g	熟地黄 15 g
山药 20 g	山茱萸 15	泽泻 10 g	茯苓 10 g
丹皮 10 g	当归 10 g	柴胡 15 g	炒白术 20 g
薄荷 10 g	黄芪 30 g。		

3剂，上药水煎，熬开15分钟，每次服150 mL，每日3次，嘱调摄心情，清淡规律饮食。

二诊：诉服药后失眠好转，然神疲乏力之象比较突出，舌质淡红，苔薄白，脉弦数。证型不变，唯气虚象突出，故当在上方基础上合补中益气汤加减：

桂枝 15 g	白芍 15 g	生姜 10 g	炙甘草 5 g
大枣 15 g	熟地黄 15 g	山药 20 g	山茱萸 15 g
泽泻 10 g	茯苓 10 g	丹皮 10 g	当归 10 g
柴胡 15 g	炒白术 20 g	薄荷 10 g	升麻 15 g
陈皮 10 g	桔梗 10 g	黄芪 30 g	

6剂，上药水煎，熬开15分钟，每次服150 mL，每日3次。

按语：张老认为睡眠与人体卫气的循行和阴阳、气血的盛衰有着密切的关系。正常情况下，卫气行于阳经，阳气盛则醒，夜行于阴经，阴气盛则眠，如《灵枢·口问》言："阳气尽，阴气盛，则目瞑；阴气尽而阳气盛，则寤矣。"故归纳失眠的病因病机主要在于"阴阳失衡，阳不入阴"，如《灵枢·大惑论》："病而不得卧者，卫气不得入于阴，常留于阳。留于阳则阳气满，阳气满则阳跷盛，不得入于阴则阴气虚，故目不瞑矣"。总结其治疗总则为"调整阴阳、以平为期"。本案中患者年过半百，阴气已虚，肾水亏虚，肝木失养，肝阳上亢，扰于清窍，及肾水亏虚，脑失所养，故见头胀痛、脑鸣；阴虚火旺，阳不入阴，故可表现为失眠、易醒、醒后不易入睡；肝失所养，疏泄失常故见情绪烦躁，脉弦；木旺克土，脾气亦虚，故见神疲乏力；舌质红，脉数为阴虚火旺之象。故辨证为失眠——阴虚火旺证，治之以桂枝汤调和阴阳，知柏地黄丸以滋补肝肾，清虚火，以逍遥散以养肝疏肝，加黄芪补益脾气，全方合用，共奏滋补肝肾，清热益气之功，待虚得补，实得清，阴阳运转平和，失眠自能自愈。二诊见气虚质象突出，故去知母、黄柏苦寒伤阳之品。后继续以桂枝汤合知柏地黄丸、逍遥散加减，调理月余。此外，张老重视舒畅情志及精神调摄在失眠中的运用，鼓励患者调摄身心，保持情绪舒畅，对治疗失眠能起到积极的作用。

2. 乳腺结节

案例1：余某某，女，34岁。

主诉：双侧乳房疼痛半年余。

现病史：半年前突然出现双侧乳房疼痛，呈持续性刺痛。

症见疼痛位置固定不变，触则痛甚，平素情绪急躁易怒，口干不欲饮，食欲尚可，失眠，不易入睡，睡后噩梦纷纭，大便偏干，小便正常，平素月经周期规律，经量少，色先暗红后淡红，夹有血块，经期小腹疼痛明显，舌质暗红苔白腻，脉弦滑。

查体：双侧乳房结节。

西医诊断：乳腺结节。

中医诊断：乳癖——肝气不舒，瘀血阻滞。

治法：疏肝行气，活血止痛。

处方：膈下逐瘀汤合郁金舒和散加减。

燀桃仁 10 g	丹参 20 g	赤芍 20 g	乌药 15 g
醋延胡索 15 g	当归 10 g	酒川芎 10 g	红花 10 g
麸炒枳壳 15 g	制香附 15 g	郁金 15 g	生甘草 10 g
生黄芪 20 g	瓜蒌皮 15 g		

6剂，水煎服，日一剂，每日三次，一次100 mL。

复诊：双侧乳房疼痛减轻，情绪趋于缓和，睡眠质量改善，大便正常，其余症状无明显改变，舌质暗红苔白腻，脉弦滑。

处方：原方不变。

随访，患者持续治疗了半年余，乳房结节消失。

按语：经之与乳，为女性最常见之病，故《妇科玉尺》言："妇人之疾，关系最巨者则莫如乳。"而乳房疾病，最与肝胃相关，故《内经》言："足阳明胃经，行贯乳中……足厥阴肝经，上膈布胸胁，绕乳头而行。"观患者双侧乳房刺痛、位置固定、触则痛甚、有结节、经量少、色暗红、夹血块、经期小腹疼痛明显、情绪急躁易怒、舌暗红者，为肝郁不疏，气滞血瘀也，故上见乳房疾病，下见月经不调；不易入睡、睡后噩梦纷纭者，肝魂不安也；苔白腻、脉弦滑者，肝气郁滞，气机不畅，津液失布，成痰成湿也。故知其病机为肝气不疏、气滞血瘀、津液失布，治之以膈下逐瘀汤、郁金舒和散，取其养肝疏肝、行气活血散结之效。以郁金、香附、枳壳、乌药、延胡索疏肝理气，以赤芍、当归、川芎、桃仁、红花、丹参活血化瘀，瓜蒌皮化痰散结，黄芪合当归可益气补血，防止行气活血过猛而伤血耗气。复诊见诸症缓解，知药以对证，故当继续原方治疗。

郁金舒和散见于《辨证录·受妊门》，原方为白芍一两，当归五钱，郁金、香附、神曲各一钱，枳壳三分，白术三钱，川芎二钱。其本治妇人肝气郁结之不孕，然观其方，主要在"解肝气之郁，宣脾气之困"。以黄芪、瓜蒌壳易白术、神曲者，取其当归补血汤、瓜蒌郁金汤之意也。

案例2：张某，女，36岁。

主诉：双侧乳房疼痛3月。

现病史：3个月前见双侧乳房疼痛，呈胀痛，疼痛位置游走不定，情绪急躁或者低落时，疼痛明显，平素郁郁寡欢，闷闷不乐，食欲不振，失眠5年余，不易入睡，睡后易惊醒，情绪不佳时尤甚，大便秘结，排便费力，便质不干不稀，易于腹泻，辛辣食物尤甚，舌质淡红，苔白腻，脉弦滑无力。

查体：双侧乳房结节。

既往史：有抑郁症病史6年，既往服用抗抑郁的药物，因副作用较大，患者现未服用相关药物。

辨证：乳癖——肝郁脾虚，痰浊阻滞证。

治法：疏肝解郁，健脾化痰。

处方：逍遥散合参苓白术散、苓桂术甘汤加减。

党参30 g	茯苓15 g	麸炒白术30 g	陈皮15 g
山药20 g	莲子15 g	薏苡仁20 g	桔梗15 g
大枣10 g	生甘草5 g	当归10 g	赤芍15 g

竹叶柴胡 15 g　　　姜厚朴 15 g　　　桂枝 15 g　　　浮小麦 20 g
粉葛 20 g

6剂，水煎服，日一剂，每日三次，一次 100 mL。

复诊：乳房疼痛缓解，排便不觉费力，睡眠较之前容易入睡，其余症状未见明显改变，舌质淡红，苔白腻，脉弦。

处方：上方不变。

9剂，水煎服，日一剂，每日三次，一次 100 mL。

随访，患者持续治疗半年余，现乳房疼痛消失，情绪明显改善，其余症状亦明显好转。

按语：患者本有抑郁症，且患病6年，病时较长，并伴失眠5年余，长期睡眠异常，本为情绪失常，肝气郁结，终致木旺克土，经脉郁滞，故见双侧乳房胀痛、游走不定，于情绪急异常时疼痛加重，或便秘，或腹泻，脉弦滑者，痰湿阻滞，气机不畅也，无力者，脾气虚也。故治之以逍遥散以疏理肝气，以参苓白术散、苓桂术甘汤以健脾除湿，以厚朴降气通便，以葛根生津止泻；木土失和，津液失布，痰浊内生，上扰心神，故见失眠而时惊醒，治之以逍遥散、苓桂术甘汤、浮小麦以疏肝健脾，化痰除湿，清心养神。复诊见诸症有所缓解，药已对证，病机未变，故仍以原方治疗。患者病时较久，病根较深，故当坚持治疗，不仅对乳房胀痛有益处，而且对抑郁症的缓解亦有所帮助。

案例3：李某，女，45岁。

主诉：双侧乳房胀痛半年，加重1周。

一诊：半年前逐渐出现双侧乳房胀痛，彩超提示双侧乳腺增生，左侧乳腺一小结节，大小约 0.2 cm，定期随访，乳腺结节大小无明显变化，但双侧乳腺胀痛明显，偶有刺痛，痛处固定，疼痛严重时口服止痛药。

症见形体偏瘦，双侧乳腺胀痛，左侧尤甚，重按疼痛明显，平素易生气，性格内向，口干口苦，纳可眠差，月经量少，夹杂血块，舌淡红苔白，脉濡。

辨证：肝郁气滞、痰瘀阻络证。

治法：疏肝理气、活血止痛。

处方：柴胡疏肝散合膈下逐瘀汤加减。

桃仁 15 g	红花 15 g	当归 15 g	生甘草 5 g
赤芍 15 g	柴胡 15 g	枳壳 15 g	陈皮 15 g
香附 10 g	丹参 15	乌药 10 g	延胡索 10 g
郁金 10 g	法半夏 10 g	瓜蒌皮 30 g	川芎 15 g

3 剂，上药水煎，熬开 15 分钟，每次服 150 mL，每日 3 次。

二诊：自诉第 2 剂服完后药后有所减轻，3 剂服完疼痛明显改善，舌脉同前变化不明显，守方，继服 7 剂：

桃仁 15 g	红花 15 g	当归 15 g	生甘草 5 g
赤芍 15 g	柴胡 15 g	枳壳 15 g	陈皮 15 g
香附 10 g	丹参 15 g	乌药 10 g	延胡索 10 g
郁金 10 g	法半夏 10 g	瓜蒌皮 30 g	川芎 15 g

7 剂，上药水煎，熬开 15 分钟，每次服 150 mL，每日 3 次。

按语：乳癖的病因病机多为情志不畅，怒郁伤肝、思虑伤脾；或饮食不节，损伤脾胃，或木旺土虚，肝气乘脾；或肾气亏损，冲任失调，从而导致气滞、血瘀、痰湿、寒凝等凝结于乳络，结于乳房部而形成肿块，日久不通则痛，多与女子的肝、脾（胃）、肾、胞宫、冲任等有着密切的联系。张老在反复临床实践中总结出其病机多为情志内伤，肝气郁结，失于疏泄，以致气滞血瘀、痰凝互结阻于乳络而成。治疗大法应以"活血祛瘀、行气止痛、化痰散结"为法，方选柴胡疏肝散合膈下逐瘀汤加减。此例患者以乳房胀痛，偶有刺痛为主要症状，彩超提示乳腺增生且有结节，且患者平素情志不畅，经血夹块，结合舌脉，辨证为肝郁气滞、痰瘀阻络证不难。方选柴胡疏肝散，然张老认为乳腺增生症的西医病理改变为增生，对其可直接辨病论治，使用膈下逐瘀汤，最终取得良效。

3. 带状疱疹

案例 1：赵桂英，女，45 岁。

主诉：带状疱疹疼痛半月余。

现病史：于 1 个月前得带状疱疹，后经西药治疗而愈，但愈后却见心烦易怒,伴有脑鸣,两胁胀痛,疼痛位置分布呈带状,眠差多梦,口干欲冷饮,饮后渴不解,口臭,纳食可,平素月经规律,于今年出现月经周期紊乱,大便正常,小便色黄,舌红苔黄薄腻,脉弦数而滑。

既往史:否认。

西医诊断:带状疱疹。

辨证:肝火旺盛,上扰心神。

治法:疏肝健脾,兼清郁热。

处方:丹栀逍遥散合加栀子豉汤加减。

当归 10 g	竹叶柴胡 15 g	茯苓 15 g	麸炒白术 20 g
白芍 15 g	生甘草 5 g	丹皮 15 g	栀子 10 g
薄荷 15 g	淡豆豉 15 g		

4剂,水煎服,2日1剂,每日3次,一次100 mL。

复诊:药后上述症状有所缓解,但仍觉心烦梦多,舌红苔黄薄腻,脉弦数而滑。

方剂:丹栀逍遥散合酸枣仁汤加减

药物:

当归 10 g	竹叶柴胡 15 g	茯苓 15 g	麸炒白术 20 g
白芍 15 g	生甘草 5 g	丹皮 15 g	栀子 10 g
薄荷 15 g	酸枣仁 15 g	川芎 15 g	知母 10 g

4剂,水煎服,2日1剂,每日3次,一次100 mL。

随访:患者共服用8剂中药,心烦和两胁胀痛之症消失,其余症状亦有明显改善。

按语: 缠腰火丹常多发于肝脾,或因肝郁化火,火热之毒流窜于外,壅滞于肌肤而发,或因脾失健运,湿浊内生,郁热结合,外溢肌肤而发。因肝者,一派肝火旺盛之象,因脾者,一派湿热内盛之症,而因于肝者,更为多见。缠腰火丹发于肝者,或因肝火内盛,或因肝胆湿热,肝火内盛者,治以丹栀逍遥散,肝胆湿热者,治以龙胆泻肝汤。若皮损色深者,合用川芎茶调散以活血行气通经络,色黑者,合用小活络丹;若疼痛剧烈者,加用川楝子、延胡索以理气止痛;若疱疹明显者,合用苓桂术甘汤、白芥子以健脾除湿化痰结；瘀阻明显者，加乳香、没药。患者于带状疱疹后见诸肝火旺盛之症，乃至其病的发生必然因于肝火所致，所外在之症得解，然其内在病机仍然未变，治标未治本也；心烦易怒脑鸣者，肝火扰于心，冲于上也；疱疹部位仍痛者，火热壅滞，络脉不和也；肝气疏泄失常，气不布津，津不上承，故见饮不解渴；脉弦者气结，滑数者有热。故知其病机为肝火内盛，扰于心，冲于上，炎于外，治疗则以丹栀逍遥散疏肝散郁火，郁火得除诸症自愈。故以当归、白芍养肝血，柴胡疏肝气；加丹皮、栀子、薄荷、豆豉助柴胡以清散郁火，丹皮并可助当归、白芍散瘀血，止疼痛；茯苓、白术、甘草者，调脾胃，益中焦，畅中以疏木也。复诊见诸症有所缓解，为仍心烦甚，故加酸枣仁汤以养心除烦，以火热内盛，已损肝血也，此烦者，不仅有火盛邪扰，亦有血虚不养也。

案例2：赵某，男，76岁。

主诉：腰部带状疱疹后遗神经痛1年。

现病史：1年前无明显诱因出现腰部带状疱疹，局部疼痛明显，经激素、抗病毒等治疗后好转，现遗留反复腰部烧灼样疼痛，接触时加重，查见右腰部一长约10 cm褐色斑点状疤痕，伴见口干口苦，心情急躁，小便黄，大便可，纳眠可。舌质红，苔黄腻，脉弦滑。

诊断：蛇串疮-肝胆湿热，壅阻经络。

治法：清利湿热，通络止痛。

处方：龙胆泻肝汤合川芎茶调散加减。

龙胆草10 g	栀子10 g	黄芩15 g	柴胡15 g
生地15 g	车前草30 g	泽泻20 g	当归15 g
生甘草10 g	薏苡仁20 g	川芎15 g	荆芥15 g
防风15 g	细辛6 g	羌活15 g	赤芍15 g
茯苓15 g	炒白术20 g	延胡索15 g	

6剂，水煎服，两日1剂，每次服用100 mL，饭后温服。

按语：患者年老体弱，气血不足，脏腑虚弱，或脾胃虚弱，运化失常，津液不布，水湿内生，或肝肾不足，肝失所养，疏泄不利，气郁化火，湿流肝胆，与火相合，湿壅火愈旺，火旺湿更甚，湿热相搏结，壅滞于里，蒸腾于外，故内见肝胆湿热，疏泄失常之症，外见湿热流窜经络而成蛇串疮之病。治之本当清热利湿，疏通经脉即可，然患者失治，致使病情拖延，疮虽得消而经络仍滞，故见痛不止。现观其证未变，故当仍以清利湿热，通络止痛，内以龙胆泻肝汤内清肝胆湿热，治其病本，外以川芎茶调散疏通经络，祛邪止痛。以柴胡疏肝气，赤芍、当归、川芎、生地养血活血，共同以调肝之体用；以龙胆草、栀子、黄芩、车前草、泽泻、薏苡仁清泄肝胆湿热；以茯苓、白术治生湿之源，湿热除自无邪气内扰，邪不扰则脏腑自安；以赤芍、当归、川芎、细辛、荆芥、防风、羌活行气通络，活血化瘀，其有当归四逆汤之意；延胡索者止疼痛。诸药合用，内外并治，肝气调、湿热祛、经络通、血行畅、疼痛止，病自愈。

4. 偏头痛

案例1：张某，女，46岁。

主诉：反复头痛10余年，复发1周。

现病史：反复发作右侧偏头痛10余年，疲劳、情绪激动及月经期容易发作，每次发作持续1周时间，每年发作2~3次，伴恶心呕吐。经断7个月，头痛发作次数较前增多，每月均发，1周前情绪激动后再发，右侧头痛不甚剧烈，伴头晕眼胀流泪、耳鸣、恶心、口苦口干，不思饮食，夜间睡眠易醒，醒后入睡难，大便溏，舌红苔白厚，脉弦细。

西医诊断：偏头痛。

中医诊断：头痛——肝阳上亢。

治法：平肝潜阳。

处方：天麻钩藤饮合川芎茶调散加减。

天麻15 g	钩藤20 g	石决明30 g	白芍15 g
怀牛膝10 g	珍珠母30 g	黄芩15 g	柴胡15 g
龙胆草10 g	丹参15 g	地龙10 g	川芎15 g
细辛6 g	白芷10 g	薄荷15 g	生甘草10 g

水煎服，每日3次，每次服150 mL。

复诊：自觉头痛明显减轻，发作时间减少，但夜间睡眠浅，多梦易醒，纳食不香，白天困倦乏力。考虑前方苦寒重镇药物碍脾之运化，以逍遥散合参苓白术散加减，继服 6 剂。服药后诸症好转。

柴胡 15 g	当归 15 g	白芍 15 g	茯苓 15 g
薄荷 15 g	川芎 10 g	丹参 15 g	党参 20 g
炒白术 15 g	白扁豆 30 g	山药 15 g	莲子 15 g
砂仁 15 g	大枣 10 g	蜜甘草 10 g	

按语：张老认为，头痛总不外外感与内伤两类，外感以风邪为主，挟寒、挟热、挟湿，其证属实。内伤头痛有虚有实，肾虚、气虚、血虚头痛属虚，肝阳、痰浊、瘀血头痛属实，或虚实兼挟。故头痛应辨内外虚实，治疗亦相应采用补虚泻实。外感头痛以祛邪活络为主，分辨兼挟之邪而分别祛风、散寒、化湿、清热治之。内伤头痛补虚为要，视其虚实性质，分别治以补肾、益气、养血、化痰、祛瘀为治。在辨证基础上，根据病变的脏腑经络，选加引经药，常可提高疗效。本案患者发病以情绪波动为特点，故从肝论治，四诊合参辨证为肝阳上亢。

案例 2：杜某，男，46 岁。

主诉：反复巅顶及双侧头痛 10 余年。

一诊：反复巅顶及头两侧疼痛 10 余年，发作时头痛如劈，遇风寒则加重，伴项强，于当地医院行头颅 MRI 检查未见异常，诊断为血管神经性头痛，经住院及口服氟桂利嗪片治疗无明显疗效。就诊症见巅顶及头两侧疼痛，伴恶风项强，视物昏花，舌质淡，苔薄白，脉弦。

辨证：风邪阻络。

治法：疏风通络止痛。

处方：川芎茶调散加减。

川芎 15 g	荆芥 15 g	防风 15 g	生甘草 10 g
细辛 6 g	白芷 15 g	薄荷 15 g	羌活 15 g
蔓荆子 15 g	藁本 15 g	柴胡 10 g	丹参 30 g

3 剂，上药水煎，熬开 15 分钟，每次服 150 mL，每日 3 次。

二诊：头痛症状有所缓解，遇风仍有头痛，但程度较前减轻，偶有头部麻木，余无特殊不适，考虑"久病入络"，原方加强活血化瘀之功，合用膈下逐瘀汤，继服6剂，半月后随访，患者头痛症状完全消失，未再发作。

按语：患者反复头痛10余年，未检出明确颅内实质性病变，伴恶风项强，结合舌脉，当属外风头痛。《素问》云："伤于风者，上先受之。"故治宜疏风止痛，重在疏风，拟以加味川芎茶调散治之，方中川芎辛善走窜，通利头目，《本经》言："主中风入脑头痛"，辅以蔓荆子、藁本，善治厥阴、少阳（巅顶及头两侧）头痛；羌活、白芷、细辛、荆芥、防风、薄荷共奏芳香疏散止痛之功。柴胡为少阳经之引经药，患者久病多瘀，合用丹参，一味丹参，功同四物，诸药合用，共奏祛风通络止痛之功，二诊疼痛缓解，症状减轻，考虑"久病入络"，合用膈下逐瘀汤加强活血之效，继服6剂而愈。

5. 尿道综合征

案例：于某，女，78岁。

主诉：反复尿频尿急2年，复发2周。

现病史：反复发作尿频尿急2年，夜间加重，小便频数灼热，小便失禁，反复发作，多次诊断为尿路感染，服用抗生素后症状稍减，停用后又易复发。2周前再次发作，尿频夜间明显，无明显灼热疼痛，无尿血，小腹坠胀、隐隐疼痛、腰酸软，头昏倦怠乏力，不耐久坐。口淡无味，饮食减少，大便溏，舌淡苔白厚，脉细。

既往史：高血压病、冠心病史，无药物过敏史。

辅助检查：血常规、小便常规未见异常。

西医诊断：尿道综合征。

中医诊断：淋证。

辨证：中气下陷。

治法：补中益气，升阳举陷。

处方：补中益气汤加减。

| 蜜黄芪30 g | 炒白术15 g | 陈皮15 g | 升麻15 g |
| 柴胡15 g | 生晒参15 g | 当归10 g | 肉桂10 g |

菟丝子 15 g　　　　茯苓 15 g　　　　生甘草 10 g

水煎 100 mL po tid。

复诊：服药后尿频尿急症状减轻，仍倦怠乏力，纳食不香，予补中益气汤合参苓白术散加减健脾益气。

蜜黄芪 30 g	生晒参 30 g	炒白术 30 g	陈皮 15 g
升麻 15 g	柴胡 15 g	白扁豆 30 g	山药 30 g
薏苡仁 30 g	莲子 30 g	茯苓 30 g	砂仁 15 g
大枣 30 g	蜜甘草 15 g		

上药打粉，每次冲服 10 g，每日 3 次。连续服用 2 个月后述诸症缓解。

按语：本患者老年体弱，久病小便，中气下陷，肾阳不足，肾与膀胱气化不足，引起排尿反射异常，正如《灵枢·口问》云："中气不足，溲便为之变"，治以升阳举陷，温补阳气，化气行水。脾气亏虚，清气不能上达，中气下陷，浊阴不能下降，小便为之不利。正如赵养葵所言："以参芪甘温之品，先调其胃气，则清升而浊自降也。"《名医别录》："小便不利，审是气虚，独参汤如神"，就是张老治疗本患者的道理。

6. 抑郁症

案例：余某，女，45 岁。

主诉：情绪低落、睡眠障碍 5 年。

一诊：5 年前因经历家庭变故逐渐出现情绪低落，精神萎靡不振，对事情缺乏兴趣精力，缺乏信心，心烦失眠，反应迟钝，西医院诊断为焦虑症，长期口服西酞普兰、黛力新、唑吡坦、氯硝西泮等药物。

症见情绪低落，不欲言语，愁容满面，善太息，胸闷胁痛，眠浅易醒，醒后不易入睡，不思饮食，脘腹胀满，大便溏结不调。舌质红，苔薄白，脉弦细。

辨证：肝郁不达，脾失健运。

治法：疏肝解郁，理气健脾。

处方：柴胡疏肝散合半夏厚朴汤加减。

竹叶柴胡 15 g	赤芍 15 g	当归 10 g	生甘草 5 g
生姜 15 g	茯苓 20 g	炒白术 20 g	薄荷 15 g
枳壳 15 g	陈皮 15 g	半夏 10 g	川芎 15 g
香附 10 g	厚朴 15 g	紫苏叶 20 g	

3 剂，上药水煎，熬开 15 分钟，每次服 150 mL，每日 3 次，西药继续服用，嘱调摄情志。

二诊：家属诉服药期间情绪有所好转，仍眠浅易醒，腹胀稍有改善，舌质淡红，苔薄白，脉弦细。辨证不变，效不更方，在上方基础上加甘麦大枣汤：

竹叶柴胡 15 g	赤芍 15 g	当归 10 g	生甘草 5 g
生姜 15 g	茯苓 20 g	炒白术 20 g	薄荷 15 g
枳壳 15 g	陈皮 15 g	半夏 10 g	川芎 15 g
香附 10 g	香附 10 g	厚朴 15 g	紫苏叶 20 g
大枣 30 g	浮小麦 30 g		

6 剂，上药水煎，熬开 15 分钟，每次服 150 mL，每日 3 次。

三诊：自诉服药后情绪低落能有改善，停药仍有反复，睡眠时间有所增加，仍有头昏沉，不清醒感，乏力倦怠，舌淡红，苔薄白，脉细。三诊考虑患者气虚症状明显，在原方基础上合用补中益气汤：

竹叶柴胡 15 g	赤芍 15 g	当归 10 g	生甘草 5 g
生姜 15 g	茯苓 20 g	炒白术 20 g	薄荷 15 g
枳壳 15 g	陈皮 15 g	半夏 10 g	川芎 15 g
香附 10 g	香附 10 g	厚朴 15 g	紫苏叶 20 g
大枣 30 g	浮小麦 30 g	炙黄芪 30 g	升麻 15 g

10 剂，上药水煎，熬开 15 分钟，每次服 150 mL，每日 3 次。

按语： 张老认为，郁证以肝脾不和、气血紊乱为主要矛盾，临床表现多变，既往"脏躁""梅核气""奔豚气""惊悸""怔忡""不寐""癫狂""百合病"等皆可按郁证论治。临床证上仔细辨别病因，将郁证分为情志之郁和脏腑之郁，二者无本质区别，仅提示同一疾病的不同发展阶段和病机侧重的不同。情志之郁以肝失疏泄、脾失健运为主要病机，初期病情较轻，日久可致血虚、瘀血、肝肾亏虚，病情迁延难愈。本案中，患者中年女性，由情志不节导致的气机郁滞之证，见忧愁忧思太过而出现胸腹满闷疼痛、倦怠、食少、失眠、心悸等临床表现。辨证当属肝郁不达、脾失健运，治以疏肝解郁、理气健脾。疏肝解郁理应逍遥散，此案中，患者病程日久，久病多瘀，忧愁忧思，思则气结，故选用理气疏肝更强兼和血的柴胡疏肝散为主方，合用具有行气散结的半夏厚朴汤。柴胡疏肝散出自《医学统旨》，远方主治"治怒火伤肝，左胁作痛，血苑于上……吐血加童便半盅"。《谦斋医学讲稿》："柴胡疏肝散乃四逆散加川芎、香附和血理气，治疗胁痛，寒热往来，专以疏肝为目的。用柴胡、枳壳、香附理气为主，赤芍、川芎和血为佐，再用甘草以缓之，系疏肝的正法。"

张老认为，对于郁证应深入了解病史，详细进行检查，用诚恳、同情、关怀、耐心的态度对待患者，以取得患者的充分信任，在郁证的治疗及护理中具有重要的作用。对郁证患者，应做好精神治疗的工作。使患者能正确认识和对待疾病，增强治愈疾病的信心。并帮助解除情志致病的原因，以促进郁证的完全治愈。正如《类证治裁·郁症》说："然以情病者，当以理遣以命安，若不能怡情放怀，至积郁成劳，草木无能为挽矣。"

7. 再生障碍性贫血

案例：李某，男，21岁。

主诉：反复鼻腔、牙龈出血5个月。

一诊：患者于2011年1月因反复鼻腔出血在当地医院诊断为慢性再生障碍性贫血。一直予西医治疗，效果不明显。遂来中医治疗。2011年6月12日血常规示：白细胞 1.80×10^9/L，红细胞 2.20×10^{12}/L，血红蛋白 61 g/L，血小板 32×10^{12}/L。现症见：面色苍白，神疲乏力，少气懒言，形寒肢冷，腰膝酸软，纳差，大便稀溏，小便清长，舌淡苔薄白，脉细数。

辨证：脾肾亏虚（虚劳）。

治法：健脾补肾。

处方：龟鹿二仙胶合参苓白术散加减。

龟鹿二仙胶：鹿角胶 200 g，龟板胶 200 g，红参 200 g，枸杞子 150 g。先将红参切碎煮软，加入枸杞子同煎，文火将其煮至烂泥状，再将鹿角胶、龟板胶烊化加入搅拌至糊状，冷却后储于冰箱内备用。每日 3 次，每次 2 勺（约 20 g），餐前空腹食用，持续服用 3 个月。

丹参 30 g	炒白术 30 g	茯苓 15 g	陈皮 15 g
莲子 15 g	山药 15 g	炒白扁豆 30 g	薏苡仁 30 g
砂仁 15 g	桔梗 12 g	大枣 15 g	甘草 10 g

30 剂，上药水煎，熬开 15 分钟，每次服 150 mL，每日 3 次

二诊：面色苍白，神疲乏力，纳可，大便稍稀。血常规示（2011 年 8 月 4 日）：白细胞 3.10×10^9/L，红细胞 3.50×10^{12}/L，血红蛋白 88 g/L，血小板 74×10^{12}/L。守方继续服用。

三诊：诸症皆去，未诉特殊不适。2011 年 10 月 14 日血常规示：白细胞 3.80×10^9/L，红细胞 4.10×10^{-12}/L，血红蛋白 118 g/L，血小板 106×10^9/L。造血细胞呈明显增加趋势，嘱其继续守方服药，巩固疗效并定期复查。

按语：张老认为，对于慢性再障，脾肾亏虚、气血不足是其关键。中医按"虚劳"证论治，健脾补肾，先天后天同补是治疗本病的关键，应贯穿治疗的始终。本案方选龟鹿二仙胶合参苓白术散，龟鹿二仙胶方中龟板胶甘咸而寒，长于填补精髓，滋养阴血；鹿角胶甘咸而温，善于温肾壮阳，益精补血；二味皆为血肉有情之品，能大补阴阳而化生精血，共为君药。红参大补元气、益中气；配伍枸杞子益肝肾，补精血，以辅助龟、鹿二药之功。四药合用，气血兼顾，阴阳并补。参苓白术散中党参甘温益气，健脾养胃；白术苦温，茯苓甘淡，健脾燥湿，加强益气助运之力；白扁豆、薏苡仁助白术、茯苓以健脾渗湿；山药、莲子肉补脾补肾，亦可收敛固涩，标本兼顾；砂仁、陈皮行气化滞，芳香醒脾化湿；桔梗助砂仁陈皮行气、调畅气机，并载药上行以入肺；甘草健脾和中，调和诸药。诸药合用，共奏益气健脾之功。二方共用，脾肾同补。

二、医　话

（一）对肝的认识

在日常诊疗工作中，张老经常教导我们，临床医师应用中医理论和中医药治疗疾病时，必须对疾病的发生发展机制有深入细致的了解。在五脏中，肝的生理功能最能体现中医阴阳学说"对立统一、互根互用"的思想，对机体正常功能的维持具有重要作用。一旦肝的功能受损，必然引起气血失调，从而导致疾病的发生。

"肝主疏泄，主藏血"，是中医基础理论对肝生理功能的高度概括。疏泄一词，首见于《素问·五常政大论》，"发生之纪，是谓启陈。土疏泄，苍气达，阳和布化，阴气乃随，生气淳化，万物以荣……"描述木运"太过"之年的气候变化特点。肝主疏泄，是指肝具有疏通、舒畅、条达以保持全身气机疏通畅达，通而不滞，散而不郁的作用。疏泄功能是机体维持气血津液运行、促进消化吸收、调节精神神志、调节性与生殖的前提。

肝藏血是指肝具有贮藏血液、调节血量和防止出血的功能，肝主疏泄与主藏血是相辅相成的关系。藏血是疏泄的物质基础，肝的疏泄全赖血之濡养作用。

在正常情况下，人体各部分的血液量相对恒定，并随着不同的生理情况而改变。当剧烈活动或情绪激动时，人体各部分的血液需求量增加，肝脏所贮藏的血液向外周输布，以供机体活动的需要。当安静休息及情绪稳定时，机体外周的血液需求量也相应减少，部分血液便归藏于肝。所谓"人动则血运于诸经，人静则血归于肝脏"。因肝脏具有贮藏血液和调节血量的作用，故肝有"血海"之称。肝主疏泄，气机调畅，则血能正常归藏和调节。气为血之母，气行则血行，气机调畅，血液才能正常运行。如肝郁气滞，气机不畅，则血液循环也会发生障碍。肝为刚脏，其气急而动，易亢易逆，若疏泄太过，肝气上逆，血随气逆，又可导致神志意识的改变，如《素问·生气通天论》："阳气者，大怒则形气绝，而血菀于上，使人薄厥"。肝主藏血，血属阴，能柔肝养肝，使肝阳不致亢越，从而保证肝主疏泄的正常功能，正如清代吴鞠通《温病条辨》云："肝主血，肝以血为自养，血足则柔，血虚则强"。肝主疏泄和主藏血的两个功能一动一静、一开一合，形成一个动态的平衡，共同司理人体气血津液的升降出入，所以说它最能体现阴阳"对立统一、互根互用"的思想精髓。

肝为风木之脏，喜条达而恶抑郁，故宜保持肝气柔和舒畅，才能维持其正常生理功能。肝属木，其气通于春，春木内孕生升之机，以春木升发之性而类肝，故称肝主升发。条达为木之本性，自然界中凡木之属，其生长之势喜舒展、顺畅、畅达，既不压抑又不阻遏而顺其自然之性，即肝之气机性喜舒畅、调畅。

清代黄元御《四圣心源》曰："风木者，五脏之贼，百病之长。凡病之起，无不因于木气之郁。""木气之郁"即肝失疏泄，认为疾病发生无不与肝失疏泄、肝气郁滞有关，因此直接将肝冠以"五脏之贼""百病之长"之称，此观点越来越受到现代医家的重视，也是张老重视肝在疾病发生和治疗中重要作用的主要原因。

（二）对郁证病机认识和治疗经验

《素问·阴阳应象大论》："人有五藏化五气，以生喜怒悲忧恐。"明代张介宾《景岳全书·杂证谟》云："凡五气之郁则诸病皆有，此因病而郁也。至若情志之郁，则总由乎心，此因郁而病也。"明确提出"因病而郁"和"因郁而病"的区别。张老在景岳论述基础上，临床上仔细辨别郁证病因，将其概括为情志之郁和脏腑之郁。

情志之郁指七情内伤导致的气机郁滞之证，七情指喜、怒、忧、思、悲、恐、惊七种情志变化。五脏化五气，以生七情，当情志变化过于强烈或持久，超过了自身适应能力，便可伤及脏腑气机，影响脏腑功能，导致疾病的发生。情志之郁多在频繁或太过悲伤、恐惧、忧思、惊吓、嗔怒后出现临床症状，主要表现为胸腹满闷或疼痛、嗳气、呃逆、倦怠、食少、便秘或腹泻、头晕头痛、失眠心悸、烦躁易怒等。情志之郁以肝失疏泄、脾失健运为主要病机，强调七情内伤与临床症状的先后顺序和因果关系，临证时需详细审察。初期病情较轻，日久可致血虚、瘀血、肝肾亏虚，迁延难愈。

　　脏腑之郁指六淫外邪、饮食劳倦等病因致肝脾本病或他脏之病累及肝脾，在肝脾不和（肝失疏泄、脾失健运）基础上，兼夹湿、痰、火、毒、虚、瘀等病理因素。临床表现错综复杂，可涉及脏腑、气血、津液等多个环节，但患者主症往往包含以下两个方面：一为脾胃运化失司的临床症状，如纳呆、痞满、便秘或腹泻、倦怠；二是情志改变，如抑郁消沉、紧张恐惧、急躁易怒等。脏腑之郁病机复杂，病情较重，治疗难度较大。情志之郁和脏腑之郁虽起因各异，病程不一，但两者本质相同，情志之郁经久不愈，可发展为脏腑之郁；脏腑之郁虽临床表现变化多端，但实质是多种内科疾病病理改变在肝脾系统的集中体现，若针对关键环节，以恢复肝之条达、脾之健运为重点目标实施干预，有望在错综复杂的疾病病理中抓住主要矛盾，为病势缓解提供契机。

　　张老指出，郁证以肝脾不和、气血紊乱为主要矛盾，临床表现多变，既往"脏躁""梅核气""奔豚气""惊悸怔忡""不寐""癫狂""百合病"等皆可按郁证论治。情志之郁和脏腑之郁无本质区别，仅提示同一疾病不同发展阶段和病机侧重。临床分型如下：（1）情志之郁：病机以肝郁不达、脾失健运为主，治宜调肝为主，兼以健脾，方用半夏厚朴汤合柴胡疏肝散加减，药用法半夏、厚朴、茯苓、紫苏叶、醋柴胡、白芍、川芎、枳实、陈皮、香附、甘草等。气郁明显者可加郁金、青皮；胸胁满闷疼痛明显者可加川楝子、延胡索；腹胀嗳气明显者可加炒白术、木香、生麦芽、谷芽；脾虚夹湿者可加砂仁、薏苡仁、芡实；多思少眠明显者可加合欢花、百合。（2）脏腑之郁：按临床表现又分以下3个证型：①心脾两虚证：症见面白无华，多梦易惊，头昏健忘，心悸怔忡，舌淡苔薄白，脉弦细或细数。治宜健脾养心、补益气血，方用归脾汤加减，药用生晒参、炙黄芪、麸炒白术、当归、茯苓、远志、酸枣仁、木香、龙眼肉、醋柴胡、枳实、香附、炙甘草，多梦易惊者加桂枝、生龙骨、生牡蛎；健忘者加柏子仁、益智仁；心悸怔忡者增加生晒参用量。②阴虚火旺证：症见潮热自汗，失眠多梦，口苦咽干，眩晕耳鸣，舌红苔少，脉细数。治宜滋阴疏肝，以知柏地黄丸合一贯煎加减，药用知母、黄柏、生地黄、山药、山萸肉、泽泻、茯苓、牡丹皮、北沙参、枸杞子、川楝子，潮热明显者可加青蒿、乌梅；眩晕耳鸣者可加天麻、牛膝。③气虚血瘀证：症见短气乏力，面色晦暗，肌肤甲错，胸胁刺痛，舌质暗、有瘀点瘀斑，脉沉细。治宜益气活血，方用参芪四物汤加味，药用生晒参、炙黄芪、熟地黄、当归、赤芍、川芎、醋柴胡、枳实、杜仲、山药、山萸肉、炙甘草，如瘀血之象明显者可加桃仁、红花；如胸胁刺痛明显者可加延胡索、川楝子。张老指出，脏腑之郁以肝脾不和、气血逆乱为主要矛盾，治疗上侧重健脾补气养血，兼以疏肝调畅气机，针对兼夹病机灵活配合养阴、清热、活血化瘀、宁心安神等法。

随着生活节奏加快，竞争日益激烈，社会家庭压力增大，郁证的发病率呈逐年上升趋势。而由于郁证病因病机较为复杂，临床治疗效果不尽如人意，患者往往迁延不愈，承受着巨大痛苦。张老在多年临床实践中体悟到肝脾在疾病发生发展中的重要地位和调肝理脾治法对疾病恢复的重要作用，形成了从肝脾不和论治郁证的学术思想，用于指导临床诊治郁证，常获得较好的疗效。

（三）论肝脾的关系

《素问·玉机真脏论》言："肝受气于心，传之于脾。"《金匮要略》云："夫治未病者，见肝之病，知肝传脾，当先实脾……"揭示了肝病传变规律及治疗原则。张老尤其重视肝脾的相互作用，她将肝脾两脏的关系归纳为以下3种：①脾之运化赖肝以条达：脾运化水谷精微，主升清，如《素问·奇病论》言："五味入口，藏于胃，脾为之行其精气。"《素问·经脉别论》言："饮入于胃，游溢精气，上输于脾，脾气散精，上归于肺。"肝的疏泄功能，既可助脾之运化，使清阳之气升发，水谷精微上归于肺，又能助胃之受纳腐熟，促进浊阴之气下降。正如《血证论·脏腑病机论》所言："木之性主乎疏泄。食气入胃，全赖肝木之气以疏泄之，则水谷乃化。设肝不能疏泄水谷，渗泄中满之证在所难免。"脾之升清，胃之降浊，皆依赖肝调畅气机的正常功能实现，即"土得木则达"之意。②肝之疏泄赖脾以滋养：脾主生血，为气血生化之源，血生于脾而藏于肝。肝以血为体，以气为用，动静有度，保证正常疏泄功能，即"木赖土得荣"之意。若脾失健运，气血生化乏源，肝血不足则肝气有余，疏泄太过，而为肝风、肝火之灾。如《质疑录》所言："肝血不足，则为筋挛、为角弓、为抽搐、为爪枯、为目眩、为头痛、为胁肋痛、为少腹痛、为疝痛诸证。"③肝脾不和即气血失调：张老指出，肝脾两脏的协作关系集中体现为气血的协同作用。气为血之帅，血为气之母，肝为脾升降浊，脾生血供肝藏之。若肝疏泄有度，气机调畅，脾气健运，中宫敦厚，气血生化源源不绝，则心主血脉、肺朝百脉、通调水道、脾统血液等功能均可顺利运转，从而保证全身脏腑器官功能的正常运行。由此可知，肝脾在功能上表现为对立制约与互根互用的辩证关系，脾胃并非仅仅扮演肝病传之的被动角色，脾失健运—脾不生血的病理机制与肝失疏泄一样，在疾病发生发展中发挥着关键作用。

（四）论"脏腑之郁"

张老在阐述郁证病因病机时，在前人认识基础上，归纳提出了"情志之郁"和"脏腑之郁"的学术观点。"情志之郁"指喜怒忧思悲恐惊等七情过激导致的气机郁滞之证，"脏腑之郁"指各种病因导致肝脾本病或他脏之病累及肝脾，在肝失疏泄、脾失健运基础上，兼夹湿、痰、火、毒、虚、瘀等病理因素。

郁证常表现为心情抑郁、易怒易哭、胁肋胀痛、胸部满闷等症状，与西医神经衰弱、反应性精神病、抑郁症、焦虑症、癔病、更年期综合征等病表现类似。患者多数因失恋、落榜、生育等生活事件刺激、情绪波动引起，出现思维、情绪方面的异常，属于"情志之郁"范畴。部分患者因为自身体质、性格或环境因素，即使在没有明显事件刺激和情绪波动诱因下，也出现了临床症状，多属于"脏腑之郁"的范畴。总体而言，情志之郁相对病情较轻、病程较短、疗效较好；而脏腑之郁起因各异，可能涉及先天禀赋，或继发于多种疾病，其病机复杂，病程较长，疗效较差。张老关于"脏腑之郁"的学术思想起源于郁证的辨治，但临床上广泛应用于其他内科疾病的诊疗。

肝为"五脏之贼""百病之长"，其在疾病发生发展中的关键性作用逐渐被医家接受。张老提出"脏腑之郁"的理论，是对近50年临床经验的总结，是进一步强调肝郁病机对内科疾病的普遍性，并在重视肝的基础上，强调肝脾两脏特殊关系和对疾病影响的学术观点。张老认为脏腑之郁是在六淫外邪、饮食劳倦等各种病因作用下，导致肝脾本病或他脏之病累及肝脾，其病机复杂，在湿、痰、火、毒、虚、瘀等病理因素基础上，兼有肝失疏泄、脾失健运病机。肝脾对脏腑之郁的发生及治疗至关重要，肝与脾的关系本质是气与血的关系，气之与血，异名同类，气非血不和，血非气不运。但"气为主，血为辅；气为重，血为轻"。故肝脾两脏相辅相成，以肝为主、脾胃为辅。以下通过分析常见内科疾病的临床特征，阐述张老"脏腑之郁"的学术观点。

　　肺系疾病：肺为华盖，其位最高，外合皮毛；肺为娇脏，不耐寒热，又为清肃之脏，不容异物，故外感和内伤因素都易伤损肺脏而引起病变。肺主气，司呼吸，肺系疾病多以气机升降失常为主要病机。《素问·刺禁论》："肝生于左，肺藏于右"，指肝属木，对应春季，位居东方，为阳生之始，主生主升；肺属金，对应秋季，位居西方，为阴藏之初，主杀、主降。左为阳升，右为阴降。故肝体居右，而其气自左而升；肺居膈上，其气自右而降。肝为阳，主升发，肺为阴，主肃降，故二者从生理功能的特点来说是"肝升肺降"，共同维持人体气机的正常升降运动。五行生克方面，肺属金，肝属木，肺金克肝木，病理情况下，肺宣发肃降功能失职，日久必然影响全身气机，导致肝疏泄功能紊乱。肺病及肝，是五行中相乘关系；若肝病升发太过，也可反侮肺金，即"木火刑金"或"肝火犯肺"。根据现代医学研究结果，肺系疾病与肝的内在联系也能找到充足的证据。早在1969年Kaufman就报道慢性呼吸系统疾病患者常伴有焦虑和抑郁障碍；系统评价研究也证实慢性阻塞性肺疾病患者抑郁症的发病率高达6%~42%，远高于没有呼吸系统疾病之人，其病因可能与遗传、呼吸系统疾病反复发作、久治不愈以及慢性呼吸系统疾病造成的中枢神经系统器质性损害相关。此外，心理状态可显著影响慢性肺系疾病患者的主观感受，基础肺功能相等的支气管哮喘患者，因为紧张、焦虑、惊恐等情绪的影响，对导致相同第一秒用力呼气容积下降幅度的支气管激发试验，却产生了显著不同的呼吸困难感觉。同时，焦虑、抑郁等情绪障碍还会影响患者的诊治态度，导致患者漠视病情、讳疾忌医，从而影响疾病的病程和转归。因此，慢性肺系疾病患者应常规筛查心理或情绪障碍，必要时予针对性处理，从而达到减轻患者情绪障碍、改善生活质量、减少肺系疾病反复发作、改善患者预后的目的。

心脑疾病：心主神明，脑为元神之腑；心主血，上供于脑，血足则脑髓充盈，故心与脑相通，临床上脑病可从心论治。心主血，肝藏血，血脉充盈则心有所主，肝有所藏。若心血不足，则肝无所藏，目失血养，筋失血濡，临床症见头昏眼花、爪甲不荣、肢体麻木。肝血不足，所藏之血无以进入脉道，则心血亏虚，神失所养，症见心悸怔忡、失眠多梦、面色发白。肝主疏泄，心主神志，心肝调和，则心情舒畅，气血冲和。若气机紊乱，可产生气滞血瘀，或气郁化火生痰；气血逆乱，痹阻心脑脑络，或血溢脑络，发为中风。中风之后，痰瘀阻滞，脑失所养，神机失用，患者在口角歪斜、肢体偏瘫之外，还可出现情志言行异常、沉默消沉、健忘等认知障碍的表现，称为"中风神呆"。清代陈士铎《辨证录》论呆病："大约其始也，起于肝气之郁；其终也，由于胃气之衰……"指出肝郁脾虚病机在心脑疾病中的重要作用。调查发现，中风神呆和中风后抑郁是中风最常见的并发症。我国中风神呆发病率高达80.97%，中风后3个月内抑郁的患病率为22%～31%，研究证明中风后抑郁会加速患者认知功能的衰退，而中风后认知障碍程度越严重，抑郁的发病率也越高。动物实验发现具有疏肝健脾功效的柴胡疏肝散可显著降低痴呆模型大鼠神经细胞凋亡，提高其认知水平，逍遥散可提高痴呆模型小鼠学习记忆能力，这些研究都说明肝郁是中风后病理状态的一个重要因素，针对性处理对缓解症状、改善患者预后有良性作用。

脾胃系疾病：脾主运化，输布营养精微，胃主受纳和腐熟水谷；脾主升清，胃主降浊，一纳一化，一升一降，共同完成水谷的消化、吸收、输布及生化气血之功能。大小肠为腑，以通降为顺。小肠司受盛、化物和泌别清浊之职，大肠则有传导之能，二者皆隶属于脾的运化升清和胃的降浊。肝主疏泄，调节气机升降出入，肝的正常状态是脾胃功能的前提条件。肠易激综合征（IBS）是指持续或间歇发作的腹痛、腹胀、排便习惯和大便形状异常而又缺乏生化学和形态学可资解释的证候群，其症状出现或加重往往与精神因素或遭遇应激状态有关，严重影响患者生活质量。中医认为IBS证候属脾胃为主，其本多在肝，因环境事件、情志过激等导致肝之疏泄失常，肝脾气机失调酿成。国家标准《中国临床诊疗术语》亦明确 IBS 病名为"肠郁"。《现代中医临床诊断学·疾病》指出：肠郁"是情志不舒，气机郁滞，使肠道运化失常，以腹痛、腹泻或便秘为常见表现的郁病类疾病"。

脑肠轴是将认知和情感中枢与神经内分泌、胃肠道神经系统和免疫系统联系起来的双向通路，人的感官（视觉、听觉、嗅觉及思维、情感）会影响胃肠感觉、运动、分泌和炎症反应；同时内脏活动也反过来影响中枢的感觉、情绪和行为。脑肠肽是多种在神经系统与胃肠之间双重分布的肽类，是脑肠轴的主要表达内容，具有调节胃肠道蠕动、分泌、记忆、反应和情绪等作用。肠道菌群是神经系统炎症的关键调节因子，与中枢神经系统通过脑肠轴沟通，富含饱和脂肪和高糖的饮食方案改变肠道菌群，对认知功能具有负面影响；益生菌可以通过微生物群—脑肠轴对中枢神经系统和行为产生有益作用，具有预防认知障碍的潜力和应用前景。中风后机体发生应激反应，诱发肠道菌群失调，通过免疫介导神经炎症，加重海马和小脑区域功能失调，从而促进认知障碍；急性期脑肠肽水平异常可能是中风患者神经损伤和发生意识障碍的原因，并影响患者预后。除 IBS 外，其他胃肠道疾病也存在同样的情况。研究发现，功能性消化不良在早饱、嗳气、腹胀等消化道症状外，多伴有不同程度的焦虑、抑郁、躯体化等精神障碍，同时存在感受性或情绪兴奋性过强，与"肝郁脾虚"的症候表现相似。上述研究说明了在机体情绪、消化甚至认知功能之间存在着内在联系，为脾胃系疾病中广泛存在肝郁病机这一观点提供了实质证据。

肾系疾病：肾藏精，主水，主纳气，为人体脏腑阴阳之本，生命之源，故称为先天之本。肝藏血，肾藏精，精血皆由水谷精微化生和充养，肝血与肾精之间相互滋生和相互转化，即同源互化，称为"精血同源"；肝属乙木，肾属癸水，水生木，即肾精滋养肝之阴血，故有"乙癸同源"之说。肾主闭藏，肝主疏泄，二者相互为用、彼此制约，肝肾藏泄有序，调节机体气血津液和生殖功能得以正常运行。肾藏精，主生殖，肾的精气盛衰直接关系到生殖功能和生长发育。因此，男性不育症主要责之于肾，肾虚是不育的主要病机，而肝郁在其中占有重要地位。现代研究发现，肾虚会导致血清生殖激素水平的不同程度改变，下丘脑—垂体及其所属靶腺轴功能紊乱、免疫功能低下，补肾中药通过调节生殖激素水平，调节下丘脑—垂体—性腺轴的平衡协调，能有效改善生殖系统功能而治疗不育。情绪活动异常可以影响交感神经和副交感神经兴奋与抑制的正常调节，从而影响下丘脑—垂体—性腺轴的协调，导致神经系统、内分泌系统和有关内脏的功能障碍。此外，研究发现男性从30岁开始血睾酮水平会随着年龄增大而逐渐下降，睾酮水平的降低可能与老年男性抑郁症的发病有关。长期焦虑、抑郁等不良精神刺激可导致大脑皮质、皮质下高级中枢及脊髓低级中枢功能紊乱，失去正常整合、协调作用，大脑皮质对性兴奋抑制加强，导致男性性激素水平下降，引起性欲减退及勃起功能障碍。补肾中药和疏肝解郁中药均可以通过对性腺轴的调节，促进睾酮的分泌，而随着睾酮水平的升高，人体的抗压能力和竞争力提高，自信增强，进而改善不良情绪的影响。

综上，我们以肺系、心脑、脾胃、肾系临床常见疾病为例，分别从生理功能和病理机制方面阐述了肝的重要性，揭示了肝郁病机在各系疾病中的普遍性，以及疏肝法对各种内科疾病的特殊疗效，并根据系列现代医学研究结果，证明了张老"脏腑之郁"理论的科学性和实用性。

（五）急性上消化道出血（呕血便血）的中西医诊疗思路

急性上消化道出血（呕血便血）诊疗方案是在国家中医药管理局医政司领导下，由国家中医药管理局重点专科建设办公室负责组织，由张老领衔制订的中西医结合临床诊疗方案之一，并由国家中医药管理局组织在全国33家医疗机构开展验证推广工作。该方案经成都中医药大学附属医院急诊科长期临床实践应用，前期临床研究项目获得四川省科技进步二等奖，具有较高的共识度和明显的专科特色。在疾病诊断方面，参照中华内科杂志编委会急性非静脉曲张性上消化道出血诊治指南（草案）及2007年美国肝病学会肝硬化食管胃底静脉曲张及出血诊治指南进行诊断，临床特点如下：① 临床表现：呕血、黑粪、血便，并伴有血容量减少引起急性周围循环障碍；② 辅助检查：大便隐血阳性，血红蛋白浓度、红细胞计数及血细胞比容下降；③ 内镜检查发现出血灶；④ 排除消化道以外的出血因素。根据临床表现分为胃热炽盛、脾不统血、气随血脱三个证型。针对胃热炽盛型上消化道出血，临床表现为脘腹胀闷，甚则作痛，吐血色红或紫黯，常夹有食物残渣，口臭，便秘，大便色黑，舌质红，苔黄腻，脉滑数者，以清热止血为治疗大法，方选三黄泻心汤加味，用药为黄连15 g、黄芩15 g、生大黄10 g、白芨20 g、侧柏叶20~30 g。方中大黄苦寒泄心胃之火，并导热下行，通利大肠且兼有凉血之功，辅以黄连、黄芩苦寒泻火，使火热下降，热去血宁，白芨收敛止血，消肿生肌，用于出血诸证；柏叶性味苦寒，凉血止血，善治血热旺行，诸药合用，共奏苦寒降泄、凉血止血之功。

临床具有食少，体倦，面色萎黄，吐血缠绵不止，时轻时重，血色暗淡，神疲乏力，心悸气短，面色苍白，舌质淡，脉细弱的患者，诊断为脾不统血型，以健脾益气止血为治疗大法，方选甘草人参汤，用药：生甘草30 g、红参10~15 g、白芨粉15~30 g（冲服）。方中甘草调中缓急；人参益气固脱、摄血止血；白芨收敛止血，消肿生肌；诸药共奏调中缓急、益气摄血之功。煎服方法：红参切片，加水500 mL，先煎20分钟，再入生甘草，煎沸20分钟，过滤取汁，再加水重复煎熬2次。每次煮沸20分钟即可过滤取汁，每剂煎熬药液总量约500 mL，将药液置冷后备用。每小时服1次，每次服50~100 mL，重者频频饮之，不受时间、剂量限制，一日可服用1~2剂，白芨粉冲服，每次3 g。直到血压稳定（收缩压>90 mmHg，舒张压>60 mmHg，脉压差>30 mmHg），心率<100次/min，肠鸣音<5次/min，大便色转黄或变浅，可改为每4小时服用150 mL，至大便隐血连续3天均为阴性；或出血伴随症状明显改善，改为每次服用150 mL，每日4次，连续服用3~5天。

甘草人参汤是国医大师、全国名老中医陈绍宏教授所制，根据清代程国彭"有形止血不可速生，无形之气所当急固"的中医理论，认为"血为气之母"，大失血患者往往气亦随血而脱，出现晕厥、虚脱的证候。失血补血，本为常理，但由于补血的效果缓慢，有形之血，难以速生，值此生死存亡之际，而投补血药物，非但难解燃眉之急，反会贻误病机，危及生命。气为无形之质，易补易固，故当投峻补元气之药，如人参等，速培元气。只要元气尚存，生命就不至于丧失。又且气能摄血，补气适能止血；气能生血，补气亦可补血。故临床遇有大失血元气将脱之时，固摄欲脱之气，最为当务之急，亦为临床急救之重要方法。

（六）应用藿朴夏苓汤的经验

藿朴夏苓汤出自清代石寿棠所著《医原·湿气论》，原方由藿香二钱、半夏一钱半、赤苓三钱、杏仁三钱、生苡仁四钱、白蔻仁一钱、通草一钱、猪苓三钱、淡豆豉三钱、泽泻钱半、厚朴一钱组成，主治湿温初起湿重于热证，症见身热恶寒、肢体倦怠、胸闷口腻、舌苔薄白、脉濡缓等。本方能宣通气机、渗湿利水，张老在临床应用颇多，总结该方可治疗以湿邪为患所致的多种疾病。

1. 脾胃系统疾病

四川盆地气候温暖潮湿，居民饮食偏辛辣厚腻，易致湿热蕴脾、脾失健运。

（1）口疮：临床表现为口疮反复发作，进食辛辣后易发，口疮常多发，局部鲜红，疼痛剧烈，可覆盖白膜，严重者影响进食和睡眠。伴随口干口苦、不思饮食、头昏倦怠乏力等，舌红苔白腻，或苔黄，脉弦滑。此乃湿热熏蒸于上，灼伤脉络，治疗当分消湿热，以藿朴夏苓汤为主方，疼痛剧烈者胃火炽盛，加用黄芩、黄连清热泻火；倦怠乏力明显者虑其湿浊较甚，加用石菖蒲、佩兰等；若疼痛不甚、局部黏膜发白，考虑脾虚湿盛，加用炒白术、柴胡等升阳健脾。

（2）口臭：口臭反复或长期口臭，患者多无鼻炎、牙龈炎、牙结石等病史，多有吸烟饮酒史。临床表现为口臭，口干口腻不欲多饮，纳差，大便黏腻不爽。舌红苔黄厚腻，脉滑数。辨证为脾失健运、浊气蒸腾，嘱避免饮酒和食肥甘厚味，予藿朴夏苓汤加味，湿盛者加佩兰、石菖蒲、郁金芳香化浊；热盛者加黄芩、黄连；咽喉不利者加桔梗、薄荷。

（3）腹胀腹痛：包括慢性胃炎、消化性溃疡、胆囊炎、结肠炎等多种消化性疾病。临床表现为上腹胀痛，时有嗳气、反酸、烧心，伴口干、纳差、便溏不爽。舌红苔黄腻，脉濡。治宜燥湿健脾、行气止痛，以藿朴夏苓汤为基本方，加用健脾导滞之楂曲平胃散（焦山楂 30 g、建曲 15 g、陈皮 15 g、苍术 30 g），若腹胀明显可加枳壳行气宽中，伴见恶心呕吐者以竹茹与黄连同用清胃止呕；食欲不振、食入即满者加苍术、白术健脾燥湿、消胀除痞；病程较长、脾胃虚弱明显者可配香砂六君子汤健脾益胃。

2. 外感热病

湿温是感受湿热病邪所引起的一类急性外感热病，该病多发于长夏初秋炎热之时。临床表现身热不扬、体重肢倦、胸闷脘痞、苔白腻、脉缓等主要症状。正如薛生白言："太阴内伤，湿饮停聚，客邪再至，内外相引，故病湿热。"叶天士在《温热论》中提及："在阳旺之躯，胃湿恒多；在阴盛之体，脾湿亦不少，然其化热则一。"可知湿温病变部位以中焦脾胃为主。湿性氤氲浊腻，易阻滞气机，导致清阳不升，浊阴不降，脾胃运化功能障碍，气机逆乱。湿温病辨证关键在于分清热重于湿、湿重于热及湿热并重的不同，主要从发热、汗出、口渴、二便及舌脉来判断。辛温汗之则恐伤阴助热，苦寒下之易伤脾胃阳气而湿愈胜，利之则需防伤津太过，养阴润燥则恐滋腻助湿。辨清湿与热孰清孰重，可指导用药。温病大家吴鞠通认为："徒清热则湿不退，徒祛湿则热愈炽。"故利湿与清热要同时兼顾，根据湿与热的偏重，灵活分解湿热。藿朴夏苓汤功可宣通气机、燥湿利水，主治温病初起之湿重于热证。该方集宣气化湿、燥湿泄热、分利湿热于一体，通过宣肺、运脾、利小便，导湿邪从小便出，即如朱丹溪言之"治湿不利小便，非其治也"，使湿去热孤，发热自退。若治湿热并重或热重于湿者，要酌情加强清热力度，可考虑加用连翘、金银花以清热解毒，或加芦根、滑石、知母清热利湿兼以养阴生津。

湿邪弥漫无形，无处不到，内而脏腑，外而肢体、肌肉皮肤，均可侵犯。所以湿邪兼夹证多。中医治湿有芳香化湿、苦温燥湿、清热利湿三法，藿朴夏苓汤俱有其体轻而味辛淡，轻开肺气，肺气化则脾湿自化，即有兼邪，亦与之俱化，正如《医原》云"启上闸开支河，导湿下行，以为出路，湿去气通，布津于外，自然汗解"之意。

（七）辨治咳嗽经验

咳嗽作为肺系疾病的主要证候之一，既是独立性的病证，又是呼吸系统疾病的常见表现。咳嗽病因大致分为外感六淫及内邪干肺两类。西医学中的上呼吸道感染、肺炎、过敏性鼻炎、慢性鼻窦炎及急、慢性气管支气管炎、咳嗽变异型哮喘、肺结核、肺癌等疾病均可导致此症此病。

现代医学常使用抗感染、抗炎、抗过敏、止咳化痰、雾化吸入、激素吸入等治疗，疗程长，费用高，但往往咳嗽症状较难缓解，且副作用较明显。中医药治疗咳嗽具有较大优势，药简力专，温润和平。

1. 对咳嗽病的认识

张老通过大量的临床病例，发现今人受清代"重温轻寒"的影响，临床上治疗咳嗽喜用清热解毒的中药，从而使肺气闭郁，不得宣发，缠绵难愈。而肺为娇脏，主一身之气，主宣发和肃降，外合皮毛而卫外，开窍于鼻，内为五脏华盖，为水之上源而通调水道，其气贯血脉而通它脏。无论是外感咳嗽还是内伤咳嗽，最终的病机均为肺气宣发肃降的功能失常，而在宣发和肃降二者中，尤以宣发最为重要，宣发失常则肃降失调，故治疗上以宣发肺气为主。

《素问·咳论》曰："皮毛先受邪气，邪气以从其合也""五脏六腑，皆令人咳，非独肺也"，五脏六腑之咳，"皆聚于胃，关于肺"。故张老概括咳嗽病的病机为肺气不清，失于宣肃，病位不止于肺，也不离于肺。

张老辨治咳嗽，主要将其分为风寒袭肺证、风热犯肺证以及肺脾气虚、痰浊内蕴证，分别予加味止嗽散、银翘散、三拗汤合瓜蒌薤白半夏汤及桔梗汤加味，取得较好临床疗效。

2. 临床举隅

案例 1：李某，男，30 岁。

咳嗽近半年，辗转服中西药无效，呛咳，咳声不扬，痰呈白色泡沫，量少不易咳出，伴有恶寒、鼻塞等症，舌质淡红，苔薄白，脉细。现中医辨证为风寒袭肺，治以川芎茶调散合止嗽散化裁。处方：川芎 15 g、荆芥 15 g、防风 15 g、白芷 15 g、薄荷 15 g、细辛 5 g、杏仁 12 g、苏叶 15 g、陈皮 15 g、茯苓 15 g、紫菀 15 g、款冬 15 g、桔梗 30 g、甘草 10 g，自加生姜 15 g 共煎，每次煮沸后煎煮 10 分钟，服 3 剂后症状明显改善，继服 3 剂而愈。

按语：张老认为，无论外感咳嗽或内伤咳嗽，其病机不外肺气宣发肃降失常，而在宣发和肃降二者中，以宣发为重要。故治疗上用川芎茶调散辛温透散之品宣发肺气，使邪有出路，配伍止嗽散以化痰止咳，使肺气宣降复常。张老的处方中桔梗用量一般为 30 g，用以开宣肺气，利咽化痰，之所以如此，是根据《伤寒论》中治疗少阴咽痛的桔梗汤中桔梗用量为一两而得来，为防止该药的胃肠道反应，建议患者饭后半小时服用。

案例 2：王某，女，17 岁。

咳嗽 3 周。3 周前因受凉而发热（37.9 ~ 38.9 ℃），打喷嚏、流清涕、渴欲饮水，肢倦、纳少、二便调。检查：咽红微痛，心肺（-），血常规：白细胞 4.8×10^9/L。就诊于某医院，经肌肉注射退热剂和西药治疗，3 天后热退，而咳嗽渐重，继服止咳药，无明显疗效。现中医辨证为风热犯肺，治以银翘散加减。处方：银花 12 g、连翘 10 g、牛蒡子 10 g、薄荷 6 g（后下）、桔梗 10 g、枳壳 10 g、柴胡 20 g、前胡 20 g、炙枇杷叶 15 g、芦根 20 g、甘草 6 g、大黄 3 g（后下），予 5 剂，每日 1 剂，水煎 200 mL，分 2 ~ 3 次服用。复诊：服药后，咳嗽明显减轻，纳少，余无不适。予原方去牛蒡子、大黄，加焦三仙各 30 g，7 剂而愈。

按语：《温病条辨》："太阴风温、温热、温疫、冬温……但热不恶寒而渴者，辛凉平剂银翘散主之。"张老指出，风温初起，邪在卫气，病位在肺，"治上焦如羽，非轻不举"，选用银翘散，银翘散为辛凉平剂，具有轻清宣透上焦温热之邪的作用。病自上焦而来，要治上不犯中，本方纯清肃上焦，不犯中下，无开门揖盗之弊，有轻以去实之能。

案例 3：王某，男，68 岁。

因慢性咳嗽、咳痰、喘促 20 余年就诊，主要表现为：胸闷、气促、喘促、活动后加剧，阵发性咳嗽，咳白色泡沫样痰。查体：口唇轻度发绀，颈静脉怒张，肝颈静脉回流征阳性，气管居中，胸廓对称呈桶状，肋间隙增宽，呼气延长，叩诊双肺呈过清音，听诊双肺呼吸音减弱。理化检查：胸片提示双肺纹理增多，肺透光性增强；血常规正常。现中医辨证为痰浊蕴肺、肺气闭郁。治以三拗汤、瓜蒌薤白半夏汤、桔梗汤合香砂六君子汤加减。处方：麻黄15 g、杏仁12 g、全瓜蒌30 g、薤白15 g、法半夏15 g、桔梗30 g、甘草10 g、广木香15 g、砂仁15 g、陈皮15 g、党参30 g、云苓15 g、炒白术30 g。10剂后，诸症均明显缓解。

按语：三拗汤出自《太平惠民和剂局方》，方中麻黄苦辛性温，归肺与膀胱经，善开腠，祛在表之风寒，宣肺平喘，开闭郁之肺气；杏仁味苦，性微温，归肺、大肠经，能降利肺气，与麻黄相伍，一宣一降，恢复肺气之宣降；甘草性味甘平，润肺止咳，有祛痰之功，又可调和麻、杏之宣降。瓜蒌薤白半夏汤出自《金匮要略》，原为治疗痰浊壅盛，胸阳闭塞所致的胸痹证，此处取其祛痰宽胸之功，方用甘苦寒的瓜蒌配伍辛苦温的半夏，充分发挥辛能散结、苦能泄降之功效，以竭尽祛痰之能事，且一寒一温，互制互济，妙在薤白的灵活运用，痰为阴邪，非温不化，薤白通阳散结、行气导滞，能加强瓜蒌、半夏化痰之力，三药合用，共奏通阳散结、祛痰宽胸之功。桔梗汤系桔梗和甘草两药合方，出自《金匮要略·肺痿肺痈咳嗽上气病脉证治》，桔梗苦、辛、平，归肺经，辛可宣，苦可泄，宣则利气机，泄则降肺逆。三方合用，以麻黄、全瓜蒌为君，杏仁、薤白、法半夏、桔梗为臣，甘草为佐，共呈宣肺平喘、化痰止咳之功。合以香砂六君子汤以培土生金，与上三方共奏宣肺平喘、化痰止咳、健脾益肺之功。

（八）急乳蛾（急性扁桃体炎）的诊疗经验

"急乳蛾"的病名，最早出现于近代张汝伟《咽喉病咽肿类》，张老认为本病病机为外感风热或风寒，表邪不解，入里化热，传入阳明，成为热毒壅盛的里实热证，针对本病采用辨病与辨证相结合的方法。"病"是疾病发生、发展的总体过程，是认识的纵线；"证"是疾病在某一阶段的中医征象的总结，是认识的横线。纵横结合更有助于分析病情的基本情况，也是中医整体思维的体现。热邪是贯穿急乳蛾病的整个发病过程的关键，疾病的不同分期具有不同的中医证候，但是还是围绕温邪、热邪展开，所以纵观疾病的各个不同时期的治法都以辛凉解表、清热解毒为其根本治法。亦有虚证，但临床虚证甚少，治疗当以补虚托毒外出，即补托法。在此认识基础上，制订了急乳蛾的中医治疗方案，将急乳蛾分为风热外犯证和热毒炽盛证：具备咽痛逐渐加剧、灼热、吞咽时疼痛加剧、发热、微恶风、头痛、咳嗽、扁桃体红肿、舌边尖红、苔薄白、脉浮数等临床表现者为风热外犯证；具备咽痛较甚、吞咽困难、身壮热、口渴、大便秘结、咽部及扁桃体充血红肿、或已成脓或未成脓、舌红、苔黄、脉数者为热毒炽盛证。风热外犯证治以疏风清热之银翘散（金银花30 g、连翘15 g、荆芥15 g、防风15 g、黄芩15 g、赤芍15 g、玄参15 g、牛蒡子15 g、桔梗30 g、芦根30 g、淡竹叶15 g、薄荷15 g、生甘草 15 g）；热毒炽盛证治以清热解毒，未成脓者以普济消毒饮去黄连加金银花（牛蒡子15 g、黄芩15 g、金银花15 g、桔梗30 g、板蓝根15 g、马勃15 g、玄参30 g、生升麻15 g、柴胡15 g、薄荷15 g、僵蚕15 g、连翘15 g、生甘草 15 g）；已成脓者以普济消毒饮去黄连加金银花、天花粉、薏苡仁（牛蒡子15 g、黄芩15 g、金银花15 g、桔梗30 g、板蓝根15 g、马勃15 g、玄参30 g、生升麻15 g、柴胡15 g、薄荷15 g、僵蚕15 g、连翘15 g、天花粉30 g、薏苡仁 30 g、生甘草 15 g）。对于禀赋不足、脾胃虚弱的患者，在服用上述苦寒清热药物后可能出现胃脘疼痛、恶心、呕吐者，考虑中焦虚寒，治以温中和胃、托里排毒，方选仓廪汤加透脓散（荆芥15 g、防风15 g、茯苓15 g、川芎15 g、羌活15 g、独活15 g、柴胡15 g、前胡15 g、枳壳15 g、桔梗30 g、生黄芪30 g、皂角刺15 g、甘草15 g、当归15 g、陈仓米15 g）。

2012年10月至2013年3月期间，依托国家中医药管理局重点学科、重点专科建设项目，由张老主持，在全国范围开展了急乳蛾中医方案的临床验证和推广工作，以治疗组：对照组＝2∶1的比例，在43家医疗机构共纳入急乳蛾患者1 216例，结果显示，治疗组（中医诊疗方案）患者的痊愈率、愈显率（痊愈+显效）优于对照组（西医治疗组），中医方案的优势主要体现在改善患者扁桃体大小、扁桃体充血程度、分泌物、咽部疼痛、刺激性咳嗽、阻塞感等方面。

银翘散为温病名家吴瑭创制，出自《温病条辨·上焦篇》："本方谨遵《内经》'风淫于内，治以辛凉，佐以苦甘；热淫于内，治以咸寒，佐以甘苦'之剂"，吴氏称之为"辛凉平剂"，用治"风温、温热、温疫、冬温，初起……但热不恶寒而渴者"。因其辛凉解表、疏风清热之功，故后人以之治疗多种疾病初起而有外感风热见证者。又如《疡科心得集》云："夫风温客热，首先犯肺，化火循经，上逆入络，结聚咽喉，肿如蚕蛾，故名乳蛾。"急乳蛾外感风热证，因风热外邪侵袭所致，故以银翘散治疗。

普济消毒饮本是出于《东坦试效方》，用于治疗"大头瘟"，吴鞠通《温病条辨·上焦篇》论述："温毒咽痛喉肿，耳前耳后肿，颊肿面正赤，或喉不痛，但外肿，甚则耳聋，俗名大头温，虾蟆温者。普济消毒饮去柴胡、升麻主之。初起一、二日，再去黄连，三、四加之佳"。本病虽与"大头瘟"不同，但两者病位同在上焦，证候同见发热、咽喉肿痛、脉数，病机同属外感风热、热毒壅盛，治法同为外散风热、内清热毒，故将普济消毒饮用治本病，实属"异病同治"之法。方中原有人参，据"邪之所凑，其气必虚"之意，以人参扶住正气，但临床发现，此病多好发于青年，多为邪盛正旺，鲜有气虚之人，故临床中多去人参不用。重用酒制黄芩、黄连清热泻火、清上焦之热为君；以牛蒡子、连翘、金银花、薄荷、僵蚕辛凉疏散头面风热之邪为臣；玄参、马勃、板蓝根加强清热解毒之功，重用生甘草、桔梗以加强清利咽喉之效，陈皮理气疏壅，以散邪热郁结，共为佐药；升麻、柴胡疏散风热，并引诸药上行直达头面，且寓"火郁发之"之意，功兼佐使之用。诸药配伍，共收疏散风热、清热解毒之功。

急乳蛾易反复发作形成慢性扁桃体炎，最后甚至需要外科手术治疗。究其原因，患者体质低下，长期烟酒刺激，饮食不节，喜食肥甘厚味、辛辣之品，以及起居不慎，熬夜、作息不规律等情况造成的。临床中医多归于中焦不足之证，在锻炼身体、加强免疫力，改善生活、饮食等不良习惯之后，仍有不少的复发比例。本病复发于西医乃因免疫力低下，现代医学研究表明：胃肠道是成人最大的免疫器官，危重患者的最终都会有胃肠功能紊乱的问题，加强胃肠功能是调节免疫力的一个切实可行的方法。反之，胃肠功能紊乱者多存在有免疫力低下的情况。表现为胃内上冲上逆、打嗝、口干、口苦、胸闷、喜欢出长气、反酸、暖气、厌食、恶心、呕吐、剑突下灼热感、食后饱胀、上腹不适或疼痛，每遇情绪变化则症状加重等，符合中医脾胃不足表现，或为脾气亏虚、中焦失运，或为中焦虚寒，或为脾虚湿困。故临床医生应嘱乳蛾患者待病情疫愈后需进行长期养生调养，改善生活、饮食习惯以预防复发。提高免疫力同时，治疗中焦病变。可以予以益气健脾的中药制剂，可选参苓白术散制成散剂长期服用以固护中焦。

（九）加味参苓白术散治疗肝郁脾虚型消化性溃疡的经验

消化性溃疡属于祖国医学的"胃痛""嘈杂"等病范畴。张老根据多年临床经验和对消化性溃疡病因病机深入分析认为：该病多与情志因素密切相关，因为长期剧烈的不良精神刺激会影响肝的正常疏泄及调畅情志功能，引起肝脾之间木土相克，从而累及脾胃，引起胃脘病变，出现消化性溃疡典型的症状，如上腹部疼痛、反酸烧心、恶心呕吐、食欲不振等。而消化性溃疡临床病程具有慢性及复发性等特点，故消化性溃疡极易伴发焦虑抑郁状态。

通过长期临床实践，消化性溃疡伴焦虑抑郁状态的患者以肝郁脾虚证型居多，正如《素问·气交变大论》中言："岁木太过，风气流行，脾土受邪"，《沈氏尊生·胃痛》中所云："胃痛，邪干胃脘病也……唯肝气相乘为尤甚，以木性暴，且正克也"。因此张老从肝主疏泄、脾主运化理论出发，采用疏肝健脾，理气止痛的治疗原则，方选加味参苓白术散（参苓白术散合逍遥散加减）取得了很好的临床疗效。充分将逍遥散中疏肝理气的中药与参苓白术散中健脾的中药结合，体现肝脾并调，既解肝郁，又扶脾弱，疏中寓养，既补肝体，又复肝用，再则健脾和胃使中焦气血生化有源。张老将这一思路总结为"疏肝气""健脾气""和胃气"，三者密切相关，体现了"方从法出，法随证立"的原则，做到治病求本，遵循"方证对应"，同时以成方配伍治疗该病。本研究应用的加味参苓白术散治疗消化性溃疡伴焦虑抑郁状态就充分体现了这一思路。

首先，情志因素是消化性溃疡发病和预后的重要因素。一方面，当肝木调达时，肝可以疏泄脾土的壅滞，当肝旺时，肝又影响脾胃运化功能，即"木旺乘土"；另一方面，脾失健运影响肝的疏泄，肝失疏泄又加重脾胃失调，为"土壅木郁"。通常情况下，情志刺激既为消化性溃疡的致病因素，又可通过影响肝主疏泄的诸功能，加重肝胃不和的症状。肝气不达，气滞导致津液输布障碍，日久聚湿成痰困阻脾胃，从而影响脾主运化胃主收纳的生理功能，导致消化性溃疡的发病，伴发焦虑抑郁状态。另外，肝失疏泄通过影响胆汁的分泌排泄及脾胃气机的升降，导致机体消化吸收障碍，使消化性溃疡加重。

其次，脾胃虚损为消化性溃疡发病的根本。祖国医学认为："脾胃为气机升降出入的枢纽，尤其对肝气的调畅具有重要影响"。脾胃素虚或忧思过度使脾气郁结，脾胃虚弱影响肝主疏泄的功能，而肝失疏泄又会加重脾胃失调；二者在生理和病理上相辅相成，导致消化性溃疡容易伴发精神焦虑抑郁。

综上，故治疗上应疏肝健脾，理气和胃，方选加味参苓白术散（参苓白术散和逍遥散加味），选用参苓白术散中健脾的中药与逍遥散中疏肝理气的中药结合，肝脾并调，既解肝郁，又扶脾弱，疏中寓养，既补肝体，又复肝用，再则健脾和胃使中焦气血生化有源。同时配伍镇静安神、理气止痛之药治疗其并发症状，达到标本同治的目的。

加味参苓白术散组成如下：党参30 g、茯苓15 g、炒白术30 g、陈皮15 g、莲子心15 g、山药20 g、砂仁15 g、芍药15 g、当归10 g、竹叶柴胡15 g、大枣15 g、延胡索15 g、酸枣仁30 g、首乌藤30 g、郁金15 g、生甘草10 g。方中以党参、白术、茯苓、山药、大枣、甘草平补脾胃之气，使运化有权，气血有源，柴胡疏肝解郁，当归、白芍养肝血，柔肝体；莲子甘涩，助白术既可健脾，又可养心安神，与首乌藤、酸枣仁、郁金合用共行养肝宁心、镇静安神之功；砂仁芳香醒脾，陈皮健脾行气，二药共促中州运化，通上下气机；又加延胡索活血化瘀、行气止痛；甘草益气补中，既合白芍缓肝之急，又可调和诸药。诸药相配，体现了肝脾同治，同时在疏肝健脾和胃的基础上，加用镇静安神止痛之药，又体现了标本同治的思想。

（十）中西医结合治疗痛风经验

痛风是由于嘌呤代谢紊乱，导致血尿酸水平增高，或尿酸排泄减少而导致尿酸盐在组织沉积的疾病。其临床特点为由高尿酸血症、尿酸盐沉积所导致的反复发作的急、慢性关节炎和软组织损伤，尿酸性肾结石所导致的痛风性肾病。患者还可伴发肥胖、高脂血症、糖尿病、高血压病及心脑血管病等。痛风属于祖国医学"痹证"范围，因其走注关节，痛势甚剧，故又名"白虎历节"。

本病以关节红肿痛反复发作、关节活动不灵活、夜间多发等为主要表现，属于中医学"热痹""风湿热痹"范畴。对急性痛风性关节炎的病因病机特点，张老指出本病因为形体肥胖、饮酒无节、嗜食肥甘厚味，病机为湿、浊、瘀、热。

痛风患者多形体肥胖、胖者多痰湿，加上其平素饮酒无节、嗜食肥甘厚腻、膏粱厚味，湿浊内生，易伤及脾胃，致使脾胃运化障碍，则加重水湿痰饮在体内的停聚水湿痰饮积聚不化，郁而化热，痰湿水饮得热煎灼则形成湿浊郁热为患。湿浊郁热滞于脉络，则气血运行不畅，阻碍血行，留而为瘀血，血不行则湿、浊、瘀相结，挟热痹着骨节筋膜，而成本病。再则，此类病人发病时关节肿痛瘀暗，痛如针刺刀割，夜间痛甚，说明其有血瘀。

张老认为随着生活水平的提高，群众喜肥甘厚味和饮酒，兼蜀地气候湿热，而使素体阳盛热多，同时湿邪内生、脾胃受损，水湿痰饮积聚不化，湿聚热蒸，相互蕴结成浊毒，蓄积于体内，湿热浊毒流注骨节筋膜，痹阻经络，气血运行受阻，久之郁滞而成病。正如龚廷贤在《万病回春》中指出："一切痛风，肢体痛者，病属火，肿属湿……所以膏粱之人，多食煎炒炙、酒肉、热物蒸脏腑，所此患痛风、恶疮、痈疽者众多"。因"脾足太阴之脉，起于大趾之端""伤于湿者，下先受之"，湿热浊毒易趋于下，故本病临床多以第一跖趾关节红肿热痛为主症。毒邪为害剧烈，故病发急骤。关节为筋络汇聚之所，夜间阳入于阴，血行迟涩，所以入夜疼痛加重；昼则阳出于阴，血行平静，故疼痛多较轻。湿热内蕴致气不化津而口中干渴，湿热交蒸而发热汗出、头身困重，气机不畅则胸中烦闷、大便黏滞不爽，湿热下注则小便短黄，苔黄腻、脉滑数乃湿热内蕴之佐证，进一步提示本病以湿热内蕴为主证。

因此，张老治疗本病以祛邪为主，重在清热利湿、化浊活血、通络止痛，使邪有出路，脏腑功能恢复，正所谓"邪去则正安"。湿热为患，蕴结体内，痹阻经络，气血不畅，关节不利，缠绵难愈，故采用大剂量清热利湿类药物祛其湿热。另外，宗叶天士"大凡经主气，络主血，久病血瘀""初为气结在经，久则血伤入络"观点，在大剂量清热利湿的同时，加用化浊活血、通络止痛药物，以期产生更佳的临床效果，临床采用内服加减木防己汤与外敷香连金黄散同用治疗急性痛风性关节炎湿热蕴结证者。

加减木防己汤是清代名医吴鞠通的名方，出自《温病条辨·中焦篇》："暑湿痹者，加减木防己汤主之，此治痹之祖方也"。原方用于治疗湿热痹，具有清热利湿、宣痹通络止痛之功。方由汉防己、生石膏、滑石、杏仁、薏苡仁、白通草、桂枝组成。原方中防己祛风除湿、通络止痛；更用石膏辛寒清热，助解骨节热巧烦痛；滑石利湿清热；杏仁通调水道以助水湿下行；通草、薏苡仁淡渗利湿，引湿热从小便而解，使湿行热去。予大队清热药中反佐少许辛温的桂枝，则热性去而湿通经络之用仍存，既可助全方清热化湿之功，又可防苦寒凝滞之弊，相反相成。张老在原方基础上巧妙化裁，加用山慈菇以增消肿散结、清热解毒之效，姜黄、川牛膝活血通络止痛，同时川牛膝可引血下行，直达病灶。全方合用，清热、祛湿、通络、止痛具备。

中药外敷法历史悠久，是在中医整体观和辨证论治思想指导下运用各种不同的方法以药物外敷在病变部位或相关穴位，使药物直接作用于局部病变部位，起到调整气血、祛邪抗病的治疗作用。清代吴师机在《理沦骈文》云："外治之理，即内治之理，外治之药，亦即内治之药，所异者法耳"。清代名医徐洄溪云："用膏贴之，闭塞其气，使药性从毛孔而入腠理，通经贯络，或提而出之，或攻而散之，较之服药尤有力"。香连金黄散是成都中医药大学附属医院院内制剂，已在临床运用50余年，源自明代著名医家陈实功所创的如意金黄散，主要功效为清热解毒、消肿止痛，用于热毒引起的红肿疼痛及未溃烂的疮疡。如意金黄散首载于《外科正宗》，被历代医家称为外科用药之首，该方由黄柏、姜黄、大黄、陈皮、苍术、厚朴、生天南星、白芷、天花粉、甘草组成，传统主要用于丹毒、疮毒、脓肿、乳痈及无名肿痛等的治疗。成都中医药大学已故外科名家文琢之老先生在如意金黄散基础上加入木香、黄连、黄芩、生半夏、臭梧桐子、白及等药研制出香连金黄散，从而增强了清热化湿和宣痹散结的力量，提高了临床疗效。方中黄芩、黄连、黄柏清热燥湿、泻火解毒；木香、姜黄活血散瘀行气、消肿止痛；天花粉、白芷燥湿消肿、排脓解毒；大黄清热解毒、凉血祛瘀；生半夏、陈皮、苍术、厚朴燥湿化痰；臭梧桐子祛风除湿；白及消肿生肌；天南星燥湿化痰、散结消肿止痛；甘草缓急止痛、清热解毒，调和诸药；诸药合用，共奏清热除湿、散瘀化结、消肿止痛之功。采用蜂蜜调敷患处则可有效地缓解关节的疼痛程度，起到辅助止痛的作用。

成都中医药大学附属医院曾开展以加减木防己汤配合金黄散外敷治疗痛风性关节炎的临床研究，结果发现，内服加减木防己汤联合外敷香连金黄散可有效地治疗急性痛风性关节炎湿热蕴结证患者，明显改善急性痛风性关节炎患者的中医症状体征以及中医证候积分，镇痛作用起效快，并可降低包括C-反应蛋白、尿酸、血沉等血液指标，并具有较好的安全性。

（十一）慢性心衰的中西医结合治疗

慢性充血性心力衰竭，为内科常见危重病症，西医多见于冠心病、肺心病、风心病、心肌病、高心病、先心病等，为多种病因导致心肌舒缩功能受损最终失代偿而出现的临床综合征。在祖国医学，本病属于"心悸""喘证""肺胀""心痹""心水""水肿""痰饮"等范畴。张老认为本病外因多为风、寒、湿、热等外邪内陷于心，损伤心气；内因多为饮食失宜，情志失调，劳累过度，脏腑内伤，损及于心，心病久延，脏腑日衰。张老认为，本病病性为本虚标实，心气虚为本，是本病的病理基础，血瘀、水饮为标，为心气虚损日久，殃及他脏而成。故心气虚乃是心衰的基本病因，并贯穿疾病始终。根据急则治其标，缓则治其本的原则，在慢性心力衰竭病情相对稳定时期，应抓住心气虚这一关键，以治本为主，补益心气，正气充盛则能推动血行，瘀血自化，正气盛则三焦水道通调，气机升降正常，水饮自消。故补虚固本是治疗关键，切不可标本倒置，专事攻逐，免伤其正。

五脏是一个整体，相互关联，相互影响，心衰病位在心，但不局限于心。心衰病机主要由于心气虚衰，日久殃及肺、脾、肾诸脏，而致水湿痰瘀滋生互结而成，由心脏之虚引出五脏之虚，五脏之虚又进一步加重心脏之虚损。

故病位虽主要在心，与肺、脾、肾、肝密切相关。在其他脏腑中，张老尤重脾脏，因为脾乃后天之本，气血生化之源，脾之运化功能正常，则气血生化有源，则心气充盛。故治疗应以心为本，兼顾他脏。

对于心衰的辨治，张老强调辨病与辨证相结合，根据临床需要，灵活应用。如患者畏寒喜暖，四肢不温，可酌加温阳之品；失眠多梦、烦躁、口干、盗汗，可兼以滋阴之品；口唇青紫、胁下肿块、颈脉怒张、胸痛咯血，可酌加活血化瘀之品；气喘较剧，不能平卧，下肢浮肿明显，尿少，可酌加利水消肿之品；咳嗽剧烈，咯痰量多，可酌加止咳化痰之品；腹胀，纳差，便溏，乏力，可酌加健脾之品；喘促息微，汗出如油，四肢逆冷，脉危欲绝，为"阳脱"之极危重症，应及时抢救，回阳固脱。

根据以上原则，结合临床工作实际、病人的经济承受能力以及长期服药的可行性等因素，张老选用了独参汤治疗慢性充血性心衰。独参汤仅一味人参，药材易于获得，价格较为便宜，病者能够承受，用开水泡后即可服用，煎服法简单易行，便于患者长期坚持，可操作性强，经多年临床应用，取得了较好的疗效，且减轻了西医的副作用，证明了中西医结合治疗心衰方面的优势。

（十二）急性胰腺炎的中西医结合治疗

急性胰腺炎（AP）是指多种病因引起的胰酶激活，继以胰腺局部炎症反应为主要特征，伴或不伴有其他器官功能改变的疾病。临床表现为急性、持续性腹痛，血清淀粉酶活性增高大于/等于正常值上限 3 倍。随着生活节奏的加快，以及人们饮食习惯的改变，急性胰腺炎的发病率逐年增高。张老认为急性胰腺炎的主要病机是气机郁滞、湿热蕴结、腑气不通。六腑以通为顺，以降为和，肠腑病变宜用通利之法，因势利导，使邪有出路，腑气得通，腹痛自止。故治疗采用理气通滞、清里攻下为治疗大法。根据历代论述，结合现代医学对胰腺炎病理演变过程的研究，制定了相应的证型、治法、方药。

急性反应期：本期为发病最初阶段，总共 10 天左右。患者都以急腹症发病，大多数腹痛与腹胀并重，有不同程度的腹膜刺激症状，左腰背部明显叩痛，左胸腔常有反应性渗液。血尿淀粉酶增高，血糖增高，血钙降低；腹腔穿刺液可为血性，并测有较高值的淀粉酶；增强 CT 示胰腺肿大，有明确的密度减低区，体尾部为多，周围有不同程度的浸润，最多为小网膜区、肠系膜血管根部及左肾周围。此阶段的主要并发症为休克、肾衰、ADRS 及脑病等，这也是早期患者死亡的主要原因。此期患者的主症如下：腹胀满疼痛，发作剧烈，阵发性加剧，痛而拒按，大便秘结，小便短赤，身热烦躁，舌红苔黄燥，脉弦滑数。张老指出：根据六经辨证论治理论，本期应属阳明腑实证。初者病邪初起，正气尚强，邪气尚浅，则任受攻。又据《伤寒论》指出"阳明之为病，胃家实也"。治以清热解毒，通腑导滞，方用大承气、大柴胡汤加减。处方如下：生大黄 20 g、芒硝 20 克、枳实 30 g、厚朴 10 g、黄芩 15 g、广木香 10 g、法半夏 10 g、白芍 30 g。煎法：先煎枳实、厚朴等药，后纳硝、黄等药，每剂加水 500 mL，煎取 300 mL，每次 100 ml 灌肠，3 次/天。

全身感染期：第二期的主要特点是全身细菌感染以及随之而来的深部霉菌感染或双重感染，持续 2 个月左右。第一期与第二期虽各有明显的特点，但两者的分界线往往不很明确，因为感染的发生往往是逐渐发生的，而且还有部分病例一开始就已有感染，如以胰腺病为主的胆源性胰腺炎就属此列。全身感染是目前急性坏死性胰腺炎的主要死亡原因。此期的主症如下：壮热，烦躁失眠，甚或神昏，胁腹部发斑，喘急，烦闷，渴甚，尿黄，甚或吐衄，便血，尿血，舌质深绛或紫，脉沉数或沉细而数，或浮大而数。病久不解则低热乏力，神倦，声低懒言，舌质淡，苔薄干，脉细。张老根据卫气营血辨证理论，认为此期属气血两燔证，病久则兼见气虚之证。受病渐久邪气较深，正气较弱，正邪相争，邪气尤甚，病久不解则伤津耗气，出现气虚之证，治以菌毒并治，扶正祛邪。张老指出，全身感染属于毒热证的范畴，如能在危重症的不同阶段紧紧抓住这一重要环节，给予清热解毒法治疗，不论是用清热法还是泄热法，解决"邪毒"这一主要矛盾都会取得良效，故采用王今达教授提出的"菌毒并治"理论，既以抗生素杀菌和抑菌，清热解毒中药抗毒、解毒，这是中西医在治疗学中的有机融合。久病伤正，出现气虚之证则须扶正以祛邪，方用清瘟败毒饮，病程后期加用人参。处方如下：生石膏（先煎）60 g、生地 30 g、水牛角 60 g、川连 15 g、栀子 10 g、桔梗 10 g、黄芩 15 g、知母 10 g、赤芍 10 g、玄参 10 g、连翘 15 g、甘草 10 g、丹皮 15 g、竹叶 15 g。病程后期加入人参 10 g。煎法：先煎石膏，水开后再煎其他药物，每剂加水 1000 mL，煎取 500 mL，每次 50 mL 口服，每 2 小时一次。

残余感染期：残余感染都是由于引流不畅而产生的腹膜后残腔，往往合并有胰瘘或肠瘘。发生在 2~3 个月后。病者往往经过一次或多次手术引流，仍残留单个或多个瘘道口长期不愈，临床上有低热及营养状态不佳的表现。主症表现为面色苍白或萎黄、头晕目眩，四肢倦怠，气短微言，心悸怔忡，神疲食少，舌淡苔薄白，脉细弱或虚大无力，根据气血津液辨证则属气血两虚证。张老指出，久病邪气侵凌，正气消残，则任受补。治以补气养血，方用八珍汤，同时用生脉注射液 100 mL 静脉滴注。处方如下：人参 10 g、白术 10 g、茯苓 15 g、当归 10 g、川芎 10 g、白芍 10 g、熟地 10 g、甘草 10 g、煎法：每剂加水 800 mL，煎取 300 mL，每次 100 mL 口服，3 次/天。

在急性胰腺炎的中医药治疗中，必须牢牢把握住"六腑以通为用"的生理机制，针对"不通则痛"的病理变化，"通里攻下"的治疗方法，应贯穿于急性胰腺炎全身反应期。在药物方面选用承气汤为主方，同时针对兼夹症，予以辨证施治，同时辅以西医的支持、抗感染、监护等治疗措施，必要时可行手术治疗。

同时，从中西医结合治疗重症急性胰腺炎的临床实践中可以发现中医药治疗危急重症，有巨大的发展潜力，但这要求我们首先应有坚实的中医理论及实践经验，同时也应具有丰富的现代医学知识，对危急重症的病因、病理生理机制、诊断及治疗有较深入的了解，方能在中西医结合治疗危急重症方面取得较好疗效。

（十三）冠心病的认识和治疗

冠心病是动脉粥样硬化斑块积累和冠状动脉循环功能改变的动态过程，具有相对稳定期，也可由于斑块破裂、斑块侵蚀及钙化、结节等而进入不稳定期。因此，2019年8月发布的《欧洲心脏病学会慢性冠脉综合征的诊断和管理指南》将冠心病分为急性冠脉综合征（ACS）和慢性冠脉综合征（CCS）。ACS是指由完全或不完全闭塞性血栓形成所致的急性心肌缺血综合征，包括不稳定型心绞痛（UA）、非ST段抬高型心肌梗死（NSTEMI）和ST段抬高型心肌梗死（STEMI），其中不稳定型心绞痛和非ST段抬高型心肌梗死合称非ST段抬高型急性冠脉综合征（NSTE-ACS）；CCS指除急性冠状动脉血栓形成主导的临床表现以外的冠心病的不同发展阶段。抗栓治疗是ACS患者实现再灌注治疗的基石，针对初诊或拟诊ACS的患者，行反复床旁心电图和心肌损伤标志物检查明确诊断。对STEMI患者，在抗栓基础上根据具体条件行PCI或溶栓治疗；对NSTE-ACS患者，根据危险分层分别选择抗凝、抗血小板或早期介入治疗方案。针对CCS，推荐接受最佳药物治疗后仍有持续症状的患者进行PCI血运重建以改善预后。

冠心病属中医"胸痹""真心痛"范畴，汉代张仲景在《金匮要略·胸痹心痛短气病脉篇》中提出"胸痹心痛"这一病名，以"阳微阴弦"为病因病机，并对其进行"辨证论治"，所运用的理法方药对后世提供了指导。目前多数医家认为该病乃本虚标实之证，在心气血阴阳不足或肝肾脾功能失调的基础上，痰浊、血瘀、气滞、寒凝作用于机体，从而导致本病的发生。

张老从事内科危急重症急诊急救近50年，在PCI技术尚未普及推广以前，她采用中医、中西医结合方法治疗冠心病，积累了丰富的临床经验，现介绍如下。

（1）准确把握本病病机。

张仲景高度概括本病的基本病机是"阳微阴弦"。"阳微"指心阳虚弱，"阴弦"指阴寒、痰瘀等蒙蔽胸阳。《素问·灵兰秘典论》言："心者，君主之官，神明出焉。"心为五脏六腑之主，人体一切生命活动都有赖心的正常功能。心属火居于阳位，内藏君火，心阳是所有生命活动的保障，心阳充足，上可助肺主气行水，又可助脾输布津液，下能温膀胱助气化水液，温肾阳主水，同时温通三焦化气行水，输布津液、血、气。若心阳虚弱，温煦失职，寒邪内生。《素问·痹论篇》曰："痛者，寒气多也，有寒故痛也"，说明寒邪是引起疼痛的重要因素。"寒气入经而稽迟，泣而不行，客于脉外则血少，客于脉中则气不通，故卒然而痛……"提示寒邪入中经脉，致血脉涩滞不行，是胸痛产生的重要机制。心阳虚弱，推动无力，必然造成津液的输布、代谢紊乱，津液内聚，聚液成饮，饮凝为痰，痰痹经脉，脉道失利，血滞则瘀。津血同源，痰以津为源，瘀以血为本，痰浊、瘀血既是病理产物，又是致病因素，两者相互影响、相互转化，同为本病的病理因素，痰是瘀的起始，瘀是痰的归宿，痰瘀互结，上乘于心，痹阻心脉。正如《医林改错》云："元气既虚，必不能通达于血管，血虚无气，必停留而瘀"。痰瘀又相互促生，胶着为患。如《赤水玄珠全集》言："津液者，血之余，行乎脉外，流通一身，如天之清露。若血浊气滞，则凝聚而为痰，痰乃津液之变，遍身上下，无处不利……"痰和瘀即是继发于元气虚产生的中间病理产物。因此，本病的基本病机是心阳气虚衰，温煦、推动、气化功能失司，产生阴寒、痰湿、瘀血等病理产物，痹阻心脉，不通则痛。

（2）正确认识冠心病治疗方法。

通过对冠心病基本病机的梳理，厘清了心阳虚、寒邪、痰湿、瘀血等因素在冠心病发病中的角色地位，对于临床治疗方案的制订具有指导意义。在冠心病病理因素当中，心阳虚是根本，仲景制订瓜蒌薤白白酒汤、瓜蒌薤白半夏汤、枳实薤白桂枝汤等方剂，即体现了宣痹通阳的治疗思路。但是，寒邪、痰湿、瘀血这些客邪不去，不仅痹阻难解，同样会持续损害心阳。因此，辨别上述病理因素的主次地位便显得十分重要，我们在继承仲景思想，以宣痹通阳为治疗大法基础上，还应该针对主要客邪作对症处理，如阴寒盛者加大温阳之力，痰湿重者加强化痰开窍，血瘀重者加强祛瘀生新之力。

（3）重视人参在冠心病的应用。

《医宗金鉴》指出："胸痹病心下痞气，闷而不通者，虚也，……虚者用人参汤主之。"人参汤以温中补虚法首开治疗阳虚血瘀胸痹的先河，此处人参汤即《伤寒论》的理中汤，易名为人参汤，意在强调人参在方中的作用。张老在长期的临床实践中，发现人参（包括生晒参、红参等）对冠心病疗效显著，考虑与人参大补元气，"主补五脏，安精神，止惊悸，除邪气，明目，开心益智"（《神农本草经》）的功效相关。

（十四）中风病的中医认识

张老从20世纪80年代开始，作为国医大师陈绍宏教授助手开展单纯中医药治疗脑出血（出血性中风）的临床与研究，在总结历代医家对中风病认识的基础上，从"辨病"的角度，提出脑出血基本病机为"元气亏虚为本，气虚生瘀、血瘀生痰、痰郁化火、火极生风"。其中，元气虚为本，痰、瘀、风、火为标，痰、瘀为中间产物，风、火为最终致病因素。在此理论基础上，并制定了"复元醒脑、逐瘀化痰、泄热熄风"多法并举的治法，并拟中风醒脑方，制成方便服用的中风醒脑口服液，应用于临床。

中风病并发症很多，临床症状多端，变化迅速，只强调辨证往往会诸般头绪无从下手，反而抓不到其病本。对此，张老主张中风病应辨病论治，从现代医学角度把握其病理生理、发展转归等特点，从中医理论角度把握其根本病机，在此基础上，或辨证施治，或专病专方，才可以"辨证不言其病，辨病不言其证"。且正因为中风醒脑口服液从辨病角度出发，是针对中风根本病机的方药，故它适用于中风全过程，不必分证论治，大大提高了临床可操作性，经前期临床研究，降低了急性中风患者的病死率和致残率，取得了满意的疗效。依托国家中医药管理局重点学科、重点专科建设项目，由张老主持"复元醒脑法治疗急性脑出血"的中医项目推广工作，在全国33家大中型医院通过对656例急性脑出血患者的临床验证，结果表明：该项技术明显降低了急性脑出血患者的病死率，降低了致残率，提高了患者生存质量。

脑梗死（缺血性卒中）与脑出血有本质的发病区别，但从病理生理上来，二者发病均导致脑细胞缺血缺氧以及因缺血缺氧出现的一系列反应，因此治疗靶点应在脑细胞而非血管。我们在国家自然基金委资助下开展研究表明：中风醒脑口服液在脑卒中中减小脑梗死面积的积极作用，并发现了其在预防脑神经损伤也有一定的作用；中风醒脑口服液主要是通过增加SOD的表达、降低MDA、MPO、TNF-α的表达而减少神经损伤，增加GAP-43、NF、BDNF的表达而增进受损神经的恢复来发挥其对脑卒中的治疗作用。

（十五）中风病核心病机理论

国医大师陈绍宏教授是著名中医急症专家，他致力于中医急症临床工作50余年，对中风病发病机理和临床治疗具有独到的认识，提出了中风核心病机理论。张老是陈教授学术经验的继承者和推广者，她始终坚持以"中风核心病机"理论指导中风病的治疗。中风病核心病机是：元气亏虚、痰瘀互阻、风火相煽；其中以元气虚为本，痰、瘀、风、火都是继发于元气虚的内生之邪；治疗上应遵循"治病必求其本"的思想，以大补元气为要务，临床才能取得满意的疗效。

中风多见于中老年人，张景岳言"年力衰迈""中年之后乃有此证""或七情内伤，或酒色过度，损伤五脏之真阴，此致病之本"。元气亏虚，甚则阴阳相失，精气不交，阳气暴脱。若营卫之气脱，则忽而汗出；若命门之气脱，则遗尿；若阳明之气脱，则口开不合；若太阴藏气之脱，则口角流涎；若肝脾之气败，则四肢瘫痪；若神败于心，精败于肾，则昏倦无知，语言不出。叶天士《临证指南医案》："凡中风症，有肢体缓纵不收者，皆属阳明气虚"。李东垣《医学发明·中风有三》："中风者，非外来风邪，乃本气病也。"王清任则认为中风半身不遂责之"元气亏虚"。沈金鳌《杂病源流犀烛·卷十二·中风源流》提出"元气虚为中风之根也"。上述医家均特别强调元气虚在中风病机中的核心地位。

痰、瘀为元气虚所导致的产物，是中风急性期的突出矛盾，贯穿于中风病的始终。痰、瘀分别是津液和血不归正经的病理产物，其本身是病理产物，一旦生成，又成为新的病理过程的启动之因，在中风病病机理论中两者是内生之邪，属于标实范围，其在中风发病中的存在及重要作用已得到众多专家的公认和现代医学研究的证实。痰是水液代谢障碍形成的病理产物。张璐明确指出："凡瘫痪痿痹，半身不遂等证，皆伏痰留滞而然……不祛痰邪，病何由愈。"但是，痰的生成同脾肾功能密切相关。肾为水脏，主气化，肾气不足则水液蒸腾气化无力，停聚为痰；脾主运化水湿，脾不健运则水湿停聚为痰。张景岳云："惟是元阳亏损、神机耗败，则水中无气，而津凝血败，皆化为痰耳"。

"气为血帅"，瘀血的形成，多因患者年老体衰，气推动无力而留滞为瘀。《医林改错·半身不遂论叙》："元气既虚，必不能通达于血管，血虚无气，必停留而瘀"。痰瘀又相互促生，胶着为患。因此，《赤水玄珠全集·卷一·中风》有论："津液者，血之余，行乎脉外，流通一身，如天之清露。若血浊气滞，则凝聚而为痰，痰乃津液之变，遍身上下，无处不利……"痰和瘀既是继发于元气虚产生的中间病理产物，同时又可充斥于脑络为患，也可郁而化热化火。

虚、瘀、痰并不能独为中风，而是在此基础上，或郁而化热，或五志过极，或水不涵木，致热极生风、肝阳化风，风火相煽，挟痰挟瘀上逆阻窍，中风始发，故风火相煽、气机逆乱是中风病急性发作中最关键和决定性的一环，是诸因素的最后共同道路。中风病机里的"风"主要指内风，多由于情志所伤，操劳过度，耗伤肝肾之阴，以致阴虚阳亢，水不涵木，浮阳不潜，久之则阳愈浮而阴愈亏，终至阴不制阳，肝之阳气升而无制，便亢而化风，形成风气内动。

中风病机中的"火"包括心、肝、肾等脏内生火热，火在中风发病中的意义在于可促进肝风的形成和其上逆，并进一步耗竭阴液，生痰生瘀，即"风火相煽"，愈演愈烈之谓，正如倡"心火暴盛"说之刘河间所强调的风火同气："风木生于热，以热为本，以风为标，凡言风者热也""热则风动""风依于木，木郁则化火，为眩为晕，为舌麻，……为类中，皆肝风震动也……故诸病多自肝来，以其犯中宫之土，刚性难驯，挟风火之威巅顶易到"。《中风斠诠》也说："五脏之性肝为暴，肝火横逆则风自生，五志过极皆生火，火焰升腾则风亦动。"谓风生于火，火炎风动。

对虚、瘀、痰、火、风的关系，《杂病源流犀烛·卷十二·中风源流》有精辟的分析："向来惟东垣主虚，而河间则主火，丹溪则主痰，似乎各异。不知惟虚也，故无根之火发焉；惟虚也，故逆上之痰生焉。特东垣举其本，河间、丹溪各举其标耳。未有痰与火之发，不由于虚也。"且即河间主火，而其论曰："中风瘫痪，非外中风邪，亦非肝风独盛，由将息失宜，心火暴盛，肾水虚衰，不能制之，则阴虚阳盛，而热气怫郁，心神昏冒，筋骨不用，卒倒无所知。"则其言肾水虚衰，言阴虚阳盛，虽主乎火，而论火之自发，何尝不以为由于虚乎。丹溪主痰，而其论曰："……东南气温多湿，有风病者非风病也，皆湿土生痰、痰生热、热生风也。""夫人之气，根于脾，主于肺，苟脾气充盛，自能健运，内因之湿何由生，外来之湿何自感，痰即不能为患矣。然则痰之壅逆，非由气之虚弱不能健运乎。亦可知曰火曰痰，总由于虚，虚故为中风之根也。"

所以，中风的"本"在元气虚，"瘀、痰、火、风"属"标"，只是"虚"所导致的内生之邪。虽然"虚、瘀、痰、火、风"表面上看只是"风、火、痰、虚、瘀"在顺序上的改变，但实际上却是对中风病因病机"标、本"问题的重大调整，具有深远的意义。

另一方面，中风病并发症很多，临床症状多端，变化迅速，只强调辨证往往会诸般头绪无从下手，反而抓不到其病本。对此，我们主张中风病应辨病论治，从现代医学角度把握其病理生理、发展转归等特点，从中医理论角度把握其根本病机，在此基础上，或辨证施治，或专病专方，才可以"辨证不言其病，辨病不言其证"。

（十六）从火虚瘀辨治血小板减少性紫癜

血小板减少性紫癜根据其临床表现，归属于祖国医学"血证"范畴，临床主要表现为皮肤紫斑、鼻衄、齿衄、呕血、便血等全身出血症状。目前西医学对本病治疗尚无特效药物，且治疗费用高，一般患者难以承受。张老应用中医药治疗本病颇有成效，介绍如下。

1. 对血小板减少性紫癜的认识

张老根据其皮肤黏膜及其他部位出血的临床特征，认为应属于"血证""紫斑""肌衄"等范畴。《灵枢·百病始生》对络伤血溢的病机论述时说："起居不节，用力过度则络脉伤。阳络伤则血外溢，血外溢则衄血；阴络伤则血内溢，血内溢则后血。"其中"衄血""后血"包括血小板减少性紫癜的皮肤黏膜出血（肌衄）及内脏出血。《金匮要略·百合狐惑阴阳毒病脉证治》首次对皮肤发斑的形态、色泽进行了描述和分类，说："阳毒之为病，面赤斑斑如锦纹""阴毒之为病，面目青"，即阳证发斑斑色紫红而鲜，阴证发斑斑色青紫而晦暗。明代戴元礼《证治要诀》中提出"肌衄"的概念，并认为"肌衄"是指血从毛孔而出，瘀于肌肉之中，其描述与血小板减少性紫癜出血的特点有相似之处。《医学正传·血证》将各种出血病证归在一起，并以"血证"之名概之。

张老认为外感内伤均会诱发本病，论其病机不外有热入营血，血热妄行；阴虚火旺，络伤血溢；气虚不摄，血溢脉外；瘀血阻滞，血不归经。

（1）血热妄行。

外感风热毒邪，或风寒湿邪入里，郁而化热是本病的主要病因。如《素问玄机原病式》曰："六气皆从火化"。此外，内伤七情，五志过极，痰、食、血、水诸郁不解，日久均可化热。火热之邪搏于营血，灼伤脉络，迫血妄行，溢于肌肤则为紫斑；血随气逆，溢于上窍，则为吐衄，下焦热甚，灼伤阴络，则为尿血、便血。尤其是初发紫斑的病例，多由血热妄行所致，如《丹溪手镜·发斑》所说："发斑，热炽也。"《临证指南医案·吐血》指出："若夫外因起见，阳邪为多。盖犯是症者，阴分先虚，易受天之风热燥火也。"

（2）阴虚火旺。

饮食、劳倦、七情等多种原因可导致脏腑内伤，胃阴、肾精亏虚，阴虚火旺，灼伤脉络，血溢于肌肤之间，则导致本病。如《血证论·咳血论治》云："凡病血者……无不由于水亏，水亏则火盛"，而阴虚火旺又以肾阴亏虚为主。《明医杂著·血病论》说："凡酒色过度，损伤肺肾真阴，……血吐血，咳血咯血等证，乃阴虚血虚，而阳火旺"。

（3）气虚不摄。

秉赋不足，脾气素虚，或饮食不节，忧思劳倦均可导致脾虚，脾虚化源不足，气血亏虚，气不摄血，则血脉外溢，而成本病。如《金匮翼》所说："脾统血，脾虚则不能摄血，脾化血，脾虚则不能运化，是皆血无所主，因而脱陷妄行。"《景岳全书·血证》亦说："损者多由于气，气伤则血无以存。"

（4）瘀血阻络。

《血证论》中指出："血止之后，其离经而未吐出者，是为瘀血。"因此，由各种原因导致的出血，若未排出体外而积留体内形成瘀血，瘀血内阻脉络，妨碍气血运行，新血不能归经而外溢，乃成本病。这些原因包括：七情所伤，肝气郁结，气滞血瘀；或热病耗伤气阴，血行艰涩；或久病入络，气滞血疲，或出血之后，停留成瘀。

2. 辨治心得

张老认为本病病因复杂，可概括为外邪和内伤。外邪多为风热燥邪或湿热之邪；内邪多为饮酒过多或嗜食辛辣。七情所伤，五志化火，致邪热内蕴，灼伤血络，迫血妄行，血溢脉外而成本病。正如《景岳全书·血症》曰："动血之由多由于火，火盛则逼血妄行。"《金匮要略·五脏风寒积聚病》说："热在下焦者，则尿血。"《临证指南医案·吐血》说："酒热扰胃之类，皆能助火动血。"火热之邪搏于营血，灼伤脉络，迫血妄行，溢于肌肤则为紫斑；血随气逆，溢于上窍，则为吐衄，下焦热甚，灼伤阴络，则为尿血、便血。尤其是急性紫斑或加重的病例，多由血热妄行所致，如《丹溪手镜·发斑》所说："发斑，热炽也。"常见于急性原发性血小板减少性紫癜或慢性原发性血小板减少性紫癜急性发作期。此外，久病及肾、热病伤阴，可致阴虚火旺，灼伤血络，血溢脉外而为本病。如《血证论·咳血论治》云："凡病血者……无不由于水亏，水亏则火盛"。故病机主要为外有邪毒，血热妄行；脾气虚损，气不摄血；久之肝肾亏虚，虚火上炎；瘀血内阻，血不循经。血热妄行，瘀血阻滞多为实；阴虚火旺，气虚不摄多属虚。张老将本病病机演变规律概括为：血热妄行—阴虚火旺—气虚不摄—气阴两虚。

急性期或慢性急性发作期多因外感热毒或热伏营血，以致火盛动血，灼伤脉络，临床以实证为主；然血证变化迅速，如开始为火盛气逆，迫血妄行，但在反复出血之后，则会导致阴血亏损，虚火内生；或因出血过多，血去气伤，以致气虚阳衰，不能摄血。因此，在有的情况下，阴虚火旺及气虚不摄，既是导致出血的病理因素，又是出血所导致的后果。所以张老强调在治疗该病时应注意观察患者的病情变化。

治疗方面，血小板减少性紫癜急性发作期出血严重，多发生广泛而严重的皮肤黏膜紫癜，甚至大片瘀斑或血肿。皮肤瘀点多为全身性，以下肢为多，分布均匀。黏膜出血多见于鼻、齿衄。当务之急是控制出血，止血为先。张老依据《济生方·吐衄》"血之妄行者，未有不因热之所发，盖血得热则淖溢，血气俱热，血随气上，乃吐衄也"的观点，采用清热解毒、凉血止血的治法，急则治其标，常用犀角地黄汤加减配合三七粉冲服。在运用此方时张老强调中病即止，特别是在门诊看病时，此方最长开一周剂量，随时观察病情变化，随证治之。

火盛阴伤，症见鼻衄、齿衄、肌衄，时轻时重，病势缓慢，伴头晕耳鸣、双目干涩、腰膝酸软、失眠健忘，舌质淡红，舌体偏瘦，苔薄白而少或光滑无苔，脉沉细或细数。部分患者因合并激素治疗，还可兼见口渴欲饮、咽干口燥、颜面潮红、眠差多梦、夜间盗汗，舌边尖红，苔薄黄而干，或有裂纹、剥脱，脉弦细或细数等阴虚火旺的症候。此期除需针对性治标外，更主要的是治其根本。张老多选用知柏地黄汤合二至丸加减以滋阴补肾，同时配以枸杞子、菟丝子等滋补肝肾之阴之品。

《景岳全书·血症》曰："动血之由多由于火，火盛则逼血妄行。损者多由于气，气伤则血亦无存。"张老认为补气以脾为先，气血之来源，皆由中焦脾胃以化生，常以参芪四物汤合四君子汤加减健脾益气摄血。另一方面，张老认为烦热并非火盛，也可为气伤、营卫失和可致，东垣曰："甘温能除大热，参、芪、甘草，除烦热之圣药。要知气旺自能摄血，阳生阴长，一定之理也，故补气实有起死回生之功。"

针对慢性期，张老提倡重用龟板胶、阿胶等血肉有情之品，以促血小板再生，选方以龟鹿二仙胶为主。龟鹿二仙胶出自《医方考·虚损劳瘵门》方后论："精极者，梦泄遗精，瘦削少气，目视不明，此方主之。"据其方义，可作为治疗各种虚证的基本方。龟板胶、鹿角胶为方中主药。《古今名医方论》曰："鹿得天地之阳气最全，善通督脉；龟得天地之阴气最厚，善通任脉。"鹿角胶味咸，性微温，归肝肾经，能补肾阳，生精血。龟板胶味咸，甘，性平，归肝肾经，能滋肾阴，补精血。二味皆为血肉有情之品，能峻补阴阳以生气血，人参味甘，微苦，性平，归脾肺心经，大补元气而生津。枸杞味甘，性平，归肝肾经，益精生血，"善于滋阴"，四药合用，性味平和，入五脏而以肝脾肾为主，又善通奇经之任督脉，益气养血，阴阳并补，且补阴而无凝滞之弊，补阳而无燥热之害。故可用于治疗阴阳气血虚损。现代研究证实：

鹿角胶含有激素、蛋白质等物质，能改善睡眠及食欲，改善能量代谢，促进血细胞生长。龟板胶能增强机体免疫功能。人参含多种人参皂甙，有促进造血系统功能，促进蛋白质等物质合成，增强免疫力等作用。枸杞能增强细胞与体液免疫，促进造血功能等作用。诸药合用，共奏补益气血阴阳之功。

张老强调，辨证治疗血小板减少性紫癜应区分标本缓急，根据病变的不同阶段和不同证型，权衡健脾、补肾、泻火之轻重。健脾需补肾，补肾需运脾；止血需清火，清火以止血，泻火能止血，但不足以生血，补气能生血，但易于助火，所以治气治火又不可分离。治火为标，治气为本。泻火止血以治标，健脾补肝益肾以固本，活血化瘀以宁其血。急性期出血当以止血为先，治以凉血止血，用药多有丹皮、生地、黄芩、赤芍等药；缓解期当以益气健脾，补益肝肾，用药多有人参、茯苓、白术、黄芪、当归、熟地等药；瘀血阻滞当以活血化瘀为要，用药多有当归、赤芍、丹参、川芎等与止血之品仙鹤草、茜草、三七等根据辨证合理组合，相辅相成，增强止血疗效。

3. 验案举例

某男，45岁，2012年5月23日因牙龈出血就诊于当地医院，辅查血常规示血小板 $45 \times 10^{12}/L$，行超声及骨髓穿刺等检查未见异常。

一诊：神志清楚，精神差，面色少华，语声低微，自觉全身疲倦乏力，牙龈见多个瘀斑，带血丝，无脓点，眠差，多梦，纳差伴腹胀，大便干，小便尚可，舌淡红，苔白腻，脉沉细弱。血常规提示血小板 $23 \times 10^{12}/L$。

辨证：气不摄血。

治法：益气固脱，健脾摄血。

处方：生晒参 30 g　　茯苓 15 g　　炒白术 30 g　　白扁豆 15 g
　　　陈皮 15 g　　　莲子 15 g　　炙甘草 30 g　　山药 15 g
　　　砂仁 15 g　　　薏苡仁 15 g　桔梗 15 g　　　大枣 30 g

6剂，水煎服，两日一剂，每日3次，每次100 mL。

二诊：神清，精神差较前改善，面色少华，语声低微，自觉全身疲倦乏力较前改善，牙龈见散在瘀斑，无脓点，眠差，口干，喜热饮，纳差伴腹胀，小便尚可，舌淡，苔白腻，脉沉细。血常规提示血小板 $35 \times 10^{12}/L$。

处方：人参 30 g　　茯苓 15 g　　炒白术 30 g　　白扁豆 15 g
　　　陈皮 15 g　　莲子 15 g　　炙甘草 15 g　　山药 15 g
　　　薏苡仁 15 g　桔梗 15 g　　大枣 30 g　　　当归 30 g
　　　炙黄芪 30 g

6 剂，煎服法同前。

三诊：精神差较前改善，面色少华较前明显改善，语声低微，自觉全身疲倦乏力较前改善，牙龈见散在瘀斑，无脓点，眠差，口干，喜热饮，纳差伴腹胀，小便尚可，舌淡，苔白腻，脉沉细。血常规提示血小板 $68×10^{12}$/L。

守前方继服 6 剂后，患者精神可，牙龈无出血，复查血小板 $102×10^{12}$/L。

半年后回访患者，患者诉牙龈未再出血，无神倦乏力感，饮食可，无腹胀腹痛等，辅查血小板 $91×10^{12}$/L。

按语：患者以牙龈出血为主症就诊，症见牙龈出血，全身困倦等为主症，当属"血证"气不摄血范畴。人以肾为先天之本，后天之本赖于脾之运化，又脾主统血，"气为血之帅，血为气之母"，血液生成有赖脾胃运化水谷精微，血液运行有赖气之固摄。脾胃运化功能失常，气血生化乏源，可见血液生成障碍，见患者血小板减少，气不固摄，血溢脉外，见有牙龈出血之症，气不固摄，气虚为本，可见精神差，面色少华，语声低微，全身困倦等症见。结合患者的舌脉，当辨为气不摄血证。

方中以人参、白术、茯苓益气健脾为君，其中重用人参，大补元气，正谓气摄血。配伍山药、莲子肉助君药以健脾益气；并用白扁豆、薏苡仁助白术、茯苓以健脾，均为臣药。更用砂仁醒脾和胃，行气化滞，是为佐药。桔梗宣肺利气，通调水道，又能载药上行，培土生金，肺朝百脉；炒甘草健脾和中，调和诸药，共为佐使。综观全方，补中气，行气滞使脾气健运，水谷精微化为气血津液，荣养四肢百骸，收补气摄血之功。

（十七）对《伤寒论》"去渣再煎法"的认识

《伤寒杂病论》是我国医学史上的经典著作，为历代中医学子必读之书，宋代时医家将其分为《伤寒论》和《金匮要略》，被后世医家尊为"方书之祖"，其书中所载方剂的临床疗效不仅在于药物之间的精妙配伍，而且还与药物的煎煮方法关系密切。清代医家徐灵胎曰："煎药之法，最宜深讲，药之效不效，全在乎此。夫烹调禽鱼羊豕，失其调度，尚能损人，况药专以治病，而不可讲乎"，可见煎药方法的重要性。

纵观《伤寒论》和《金匮要略》两书中所有方剂的方后注，去滓再煎可以分为两种操作方法：一是方中所有药物以水煎煮，去渣后再进行煎煮，如柴胡汤类（小柴胡汤、大柴胡汤）、泻心汤类（半夏泻心汤、生姜泻心汤、甘草泻心汤以及旋覆代赭汤）、治疟方类（柴胡桂姜汤、柴胡去半夏加瓜蒌汤）；另一种是将方中药物分别煎煮，去渣后再将其药液混合进行煎煮，如百合汤类（百合地黄汤、滑石代赭汤、百合知母汤、百合鸡子黄汤）。首先，这些方剂皆属于和剂范畴。戴北山曾云："寒热并用谓之和，补泻合剂谓之和，表里双解谓之和，平其亢厉 谓之和。"柴胡汤类是和解表里、和解少阳；泻心汤类是调和肠胃、调和寒热；百合汤类是调和阴阳；治疟方类是调和寒热，属和解剂。其次，纵观书中所有去滓再煎的方剂，都有扶正祛邪，攻补兼施功用，如人参与柴、芩同用的柴胡汤类；人参与芩、连、姜同用的泻心汤类。再从去滓重煎的 12 方剂的适应证来看，均以胃气上逆之呕吐嗳气为主要症状，如少阳病的"心烦喜呕"，痞证的"呕而下利"，百合病的"得药则剧吐利"等。

去滓再煎可使方中药物之间的寒热、阴阳属性相互和调，以便更好地发挥其和解之功。如半夏、生姜、甘草三泻心汤之用芩连苦寒泄热，姜夏辛温散寒宣壅，通过去滓再煎，使其辛开苦降，和胃消痞之功尽显，而单次煎煮只有清上温下，无和胃除痞之效，方如黄连汤。又如小柴胡汤通过去滓再煎，可使诸药气味和醇，寒热同行，攻补并施，作用于同一枢机，更好地起到和解少阳的作用。前人谓"急煎取其生而疏荡，久煎取其熟而停留"。而去滓再煎在煎煮过程中去滓，使药味未必尽出，药气挥发其半，既取药物之气，又求药物之味，使药性和合，不偏不烈，从而更好地发挥药物的阴阳调和作用，以达和解之功。又如徐大椿《伤寒论类方》载："去渣再煎者，此方乃和解之剂，再煎则药性和合，能使经气相融，不复往来出入，古圣不但用药之妙，共煎法俱有精义。"

去滓再煎可使药物之间补泻相和，攻补兼施，增强了单次煎煮的疗效，如小柴胡汤之所以具有祛邪不伤正、扶正不留邪的和解之功，是因为通过去滓再煎使柴胡的祛邪之功与人参扶正之效得到了更好的发挥。另外，现代药理研究表明：柴胡的主要成分柴胡皂甙有 a、b1、b2、c、d 等 5 类，通过煎煮后，柴胡皂甙 a 变为 b1、d 变为 b2，小柴胡汤按《伤寒论》所述二次煎法则几乎全部变为 b2，a 也大部分变为 b1。研究表明，柴胡皂苷对慢性活动性肝炎有效率为 18.5%，而 b1、b2 则为 90.4%，由此可见，将小柴胡汤去滓再煎能提高其治疗作用。

去滓再煎还可增加药汁的浓度，药液经过浓缩，可减少用量，大剂量的柴胡剂才采用"去滓再煎"，而中小剂量却使用普通方法。从药物煎煮的角度来看，方剂组成药味较多，煎药用水及煎取量也较多，《伤寒论》所附方剂药味不超过 6 味者有 85 首（占 75%），超过 6 味者仅 28 首（占 25%），而要求去滓再煎的 7 方皆在 7 味或 7 味以上。并且此 7 方的煎药用水量皆为 10L 左右，第 1 次煎取药液量均为 6L，通过去滓再煎，最后留取 3L，即药量多用水也多。从患者角度来考虑，这些方剂由于药物多，性味杂，煎药用水量多，相应地煎取药液量也多，患者每次服药量也相应增多。加之此类患者都有恶心呕吐，或干呕心烦，或嗳气频频不止等胃气上逆的表现，不宜服药量过多，而药液浓缩后药量减少，更适合于此类患者。因此，张仲景的每剂药量按现代剂量换算约相当于 200 mL。这样患者的胃容易接受，也不影响饮食。

案例：王某，女，30 岁。

2015 年 11 月 10 日就诊，自诉因情感刺激出现失眠年余。入睡困难，睡后易醒，醒后难眠，每天睡眠不足 3 小时，且质量极差。近几个月来加重，甚至彻夜难眠，且服用舒乐安定、阿普唑仑等镇静药无效，烦躁易怒，纳差，舌苔薄，舌边尖红，脉弦细。证属胆火上扰，气机不舒的郁证。治以和解少阳、疏肝利胆。处方：柴胡 18 g、黄芩 15 g、党参 10 g、龙胆草 20 g、夏枯草 15 g、半夏 10 g、首乌藤 20 g、大枣 5 枚。3 剂，每天 1 剂，水煎服。7 天后复诊，自述失眠无明显改变，但食量增加，烦躁减轻。张老以仲景小柴胡汤证方后明确标注煎药方法需"去滓再煎"，又在原方基础上加浮小麦 30 g。

并嘱患者加水适量，煮取约 400 mL，去滓再煎至约 200 mL，分 2 次温服。3 剂后失眠明显缓解，前方继用 6 剂，诸症悉除且未再复发。

张老指出，去滓再煎无论从理论研究还是临床实践，都说明其在临床疗效方面的重要性。但去滓再煎在当今却面临如下问题：首先，后世医家在使用张仲景的方剂时很少会参照原方用药，难免会有加减。加之当下社会生活节奏快，人们很少有时间、精力遵医嘱对中药汤剂进行"去滓再煎"。其次，随着现代社会的发展，"去滓再煎"已慢慢淡化，特别是当今煎药机等器械的出现使传统的方法受到冲击。但对于张仲景经方的这种特殊煎煮方法我们应该认真学习并继承，这是古代医学家在长期临床实践中总结出来的宝贵经验，只有深刻领会"去滓再煎"的真正目的及重要性，在临床用药时依法煎煮，才能在临床上（尤其在疑难杂病方面）收到出其不意的效果。

（十八）胆汁反流性胃炎的治疗经验

胆汁返流性胃炎（BRG）又称碱性返流性胃炎，是由于幽门括约肌松弛，十二指肠内容物返流入胃引起的胃黏膜的炎症，临床病程迁延反复，临床表现常是持续性烧灼性疼痛、恶心、反酸嗳气、口干口苦或是胆汁样呕吐（特别是清晨）。此病属中医"胃脘痛""痞满""呕吐"范畴。《灵枢·四时气》云："善呕，呕有苦，邪在胆，逆在胃，胆液泄则口苦，胃气逆则呕苦。"《伤寒论》有云："但满而不痛者，此为痞。"《素问·异法方宜论篇》有云："脏寒生满病。"痞满之病，乃与寒热夹杂，脾胃不和，胃气上逆，气机痞塞有关。若仍喜烟嗜酒，饮食不节，恣食辛辣，食用不洁，五志过激，郁而化火，热淫肝胆，木克脾土，致火热犯胃，劫伤胃阴，腐浊胃膜，灼损胃络。《素问》曰："诸呕吐酸，皆属于热。"脾为湿土之脏，胃为水谷之海，故多同气相求。热邪伤胃，胃热易淫于脾，终至脾胃损伤虚弱，升降失常而引发此病。本病的病因比较复杂，其中饮食不节、七情内伤、劳役失度是常见的病因，而脾胃虚弱则是内在的主要因素。张老认为本病病机为寒热互结，虚实相兼，致脾胃虚弱，升降失常。针对其寒热互结，因而可选用宣达郁热、辛开苦降的黄连苏叶汤治之。

黄连苏叶汤，原名薛氏止呕方，《温热经纬·湿热病篇十七》曰："湿热证，呕恶不止，昼夜不差，欲死者，肺胃不和，胃热移肺，肺不受邪也，宜用川连三四分，苏叶二三分，两味煎汤，呷下即止""肺胃不和，最易致呕，盖胃热移肺，肺不受邪，还归于胃，必用川连以清湿热，苏叶以通肺胃。投之立愈者，以肺胃之气非苏叶不能通也。分数轻者，以轻剂恰治上焦病耳"。《本草正义》曰："紫苏、芳香气烈，与黄连协同使用，具清热化湿之功。"因此，张老将之应用于湿热证、呕吐、呃逆、妊娠恶阻、胃痛、腹痛、失眠、眩晕、吐血、咳嗽气喘等病的治疗。

黄连苏叶汤由黄连、苏叶组成，主治湿热阻胃、胃气郁滞、胃失和降、气逆乘肺致肺胃不和之证。黄连性寒、味苦，归心、肝、胃、大肠经。黄连性寒，寒能胜热，善泻中焦之火，为治疗胃热呕吐之要药。味苦一者能泄，清热泻火，泻心脾，消胃热，凉肝胆，清三焦，解热毒，导大肠之热；二者能燥，燥湿开郁，泻肝胆湿热，燥脾胃之湿，利大肠之浊；三者能坚，坚厚肠胃，保阴护液。原方中苏叶与黄连用量近乎相等，苏叶辛、温，归肺、脾经。辛温能散，气薄能通，上走入肺，宣上焦肺气，中走脾胃，畅中焦脾气，外透于表，轻宣透邪，一药三功，辛、行、温、散并用。故能发汗解肌，宽中消痰，和血下气。方中苏叶辛温，宣利肺气以消郁热，黄连苦寒，泻热除痞而降浊，药虽简易，但意味深远，两药合用一温一寒，一辛一苦，一宣一降，体现了辛开苦降、寒温共投、宣降并施的组方特点。且苏叶得黄连温通发散不助热，黄连得苏叶苦泄燥湿不凉遏，黄连燥湿之功有赖于苏叶之行散，以达气行水行，气化湿化，配伍后相反相成，相反相制，辅反成制，共奏行气化湿、和中泄浊之功。

黄连主要含有小檗碱、黄连碱、药根碱、甲基黄连碱等有效成分。现代研究发现黄连具有抗菌、抗炎、抗内毒素、抗心律失常、降血脂、降血糖、抗血小板聚集、调节免疫功能等药理作用。紫苏叶的主要成分为挥发油，如紫苏醛，另外还含紫苏苷、木樨草素、金属元素等成分。现代药理研究发现紫苏具有镇静、镇痛、解热、镇咳、止吐、抗菌抗病毒、抗炎抗过敏、止血、抗凝、抑制肾小球膜细胞增殖等多种药理作用。

案例： 余某，女，42岁。

症见： 面色萎黄，倦怠乏力，口渴口苦，胃脘疼痛，自觉胃中嘈杂灼热，偶有反酸，呕吐，饮食少思，食已既满，大便稀溏，小便黄。就诊时舌色淡，苔黄腻，脉濡。就诊前半年胃镜检查示：胆汁返流性胃炎。已服用质子泵抑制剂及促胃肠动力药半年，疗效不佳，遂就诊。辨证为脾气亏虚。因确诊为胆汁返流性胃炎，遂给予黄连苏叶汤和参苓白术散。药用：黄连 6 g、紫苏叶 15 g、生晒参 15 g、茯苓 30 g、炒白术 30 g、白扁豆 30 g、陈皮 15 g、莲子 15 g、山药 15 g、砂仁 15 g、薏苡仁 30 g、桔梗 15 g、甘草 10 g。上方加水煎煮约 600 mL，每次约 100 mL 饭后服用，每天 3 次。服药 3 剂后复诊，症状明显改善。继续坚持服药 6 个月，随访症状基本消失，未见复发。

按语： 本病例运用内镜检查技术明确了病因，但针对不同的患者，需认真的辨证分型，每一证型的处方用药都具有差异，必须根据所辨的临床证型遣方用药，才能取得良好的效果。同时要患者注意饮食卫生，饮食调节，忌食生冷辛辣，戒除烟、酒等不良习惯，方能巩固疗效。

（十九）治疗顽固性高血压经验

顽固性高血压又称难治性高血压，是在改善生活方式的基础上，足量足疗程（＞1 个月）合理使用≥3 种降压药物（包括利尿药），血压控制仍然不达标（≥140/90 mmHg，糖尿病或肾脏疾病患者≥130/80 mmHg），或使用 4 种降压药物才能控制的高血压。临床上顽固性高血压是一个常见的问题，是造成心、脑血管和肾脏功能损伤的重要原因之一；尽管有相对详尽的管理办法，但仍是一个棘手的问题，积极将血压控制在理想水平是难治性高血压治疗的核心环节，也是减少心、脑、肾等并发症的前提。

张老认为虽然本病的临床表现多因人或因病期不同而症状有所不同，但主要症状是患者自觉头痛、眩晕，究其致病原因多为痰、气、火，其本在肾精亏虚，肝肾阴虚，肝阳上亢，肝脏阴阳失调。在临床治疗顽固性高血压时，紧扣阴虚、阳亢、痰瘀三个重要环节，从整体出发，调理肝之阴阳为辨治本病的根本；痰、瘀作为本病重要病理因素，治疗中应根据病情发展情况加入行气活血化痰之品。根据阴平阳秘理论，治疗上以平调肝脏阴阳气血为法，酌予行气活血化痰，用龙胆泻肝汤合红龙夏海汤加减治疗本病多有良效。基本药物组成：龙胆草15 g、黄芩15 g、柴胡15 g、焦栀子30 g、车前草30 g、泽泻30 g、白木通10 g、生地黄30 g、当归15 g、怀牛膝30 g、地龙14 g、夏枯草30 g、海藻15 g、甘草10 g。方中龙胆草、夏枯草清泻肝火，怀牛膝滋养肝肾兼能活血祛瘀，与夏枯草相配泻肝经郁热，平抑上亢之肝阳，共为君药；柴胡疏理肝气，黄芩清热泻火，平肝火共为臣药；当归和血养血，生地黄清热凉血兼滋补肝肾，防苦寒之品伤阴，使邪去而不伤正，平调阴阳；地龙咸寒入肝平肝，清热通络；海藻软坚消痰，利湿泄热；焦栀子清三焦之火；车前草、泽泻、白木通共济利湿之功；甘草缓肝急并调和诸药，共为佐使药。诸药相伍，共奏清肝、平肝、养肝肾、调和阴阳之功，兼顾化痰祛瘀，功专于肝而兼顾脾肾。现代药理研究亦证明上述药物具有直接扩张外周血管、降压、利尿等作用。

病案1：代某，男，62岁。

高血压病史6年，冠心病病史2年，3个月前因情绪波动后血压不稳定，经多方调药现已服用美托洛尔、硝苯地平、缬沙坦氢氯噻嗪2个月，血压仍控制不理想，波动于150～160/80～90 mmHg，于2013年12月1日初诊，当时血压150/90 mmHg。诉头晕头痛3个月，伴见目胀，双侧头胀痛，失眠，小便黄，大便干结难解，口苦口干，舌质暗红苔白厚，脉细数。证属肝阳上亢，清窍失养。治以平肝潜阳，引火下行。方以龙胆泻肝汤合红龙夏海汤：龙胆草15 g、夏枯草30 g、焦栀子30 g、黄芩15 g、柴胡15 g、车前草30 g、泽泻30 g、白木通15 g、生地黄30 g、当归15 g、怀牛膝30 g、地龙12 g、海藻15 g。服药2剂头晕头痛明显缓解，自测血压控制在140～150/80～90 mmHg，续服4剂诸症消失，血压维持在130/80 mmHg左右。效不更方，续服6剂巩固疗效，随访1个月，血压控制在正常范围内。

病案2：李某，男，76岁。

高血压病史10余年，最高血压达200/90 mmHg，规律服用厄贝沙坦控制，近半年服用原降压药控制不佳，现服用厄贝沙坦氢氯噻嗪、氨氯地平仍有波动。于2014年03月21初诊，当时测血压160/100 mmHg，诉近半年来头胀痛，以早上明显，时有耳鸣，腿软乏力，四肢偶有麻木，怕热，稍动则汗出，无口干口渴，无手脚心发热，纳食可，夜眠差，二便调。舌质暗红苔白腻，脉弦细。证属肝阳上亢，痰瘀互阻。治以平肝潜阳，活血化痰，方以龙胆泻肝汤合红龙夏海汤加减：龙胆草15 g、夏枯草30 g、焦栀子30 g、黄芩15 g、柴胡15 g、车前草30 g、泽泻30 g、白木通15 g、生地黄30 g、当归15 g、怀牛膝15 g、川牛膝15 g、地龙12 g、海藻15 g、川芎15 g。服7剂后二诊，患者头晕头痛症状减轻，耳鸣减轻，测血压140/80 mmHg。效不更方，继服7剂，随访1个月，血压一直稳定在正常范围。

（二十）益气活血法治疗特发性肺间质纤维化的经验

特发性肺间质纤维化（IPF）是一种病因未明、进行性、局限于肺部的以纤维化伴蜂窝状改变为特征的疾病，属于呼吸系统中的难治之病。目前西医主要依赖糖皮质激素、免疫抑制剂、细胞毒药物等治疗本病，然而长期大量应用该类药物不但副作用多且临床疗效差。

张老认为IPF患者多以"中老年发病，气短喘息，活动后加重"为主要临床特点，可伴有刺激性干咳，或有少量白色泡沫样痰，同时易疲劳，易感受外邪，患者一般形体消瘦，唇甲色暗，舌质可见淡暗或瘀暗，舌苔薄白，脉象弦细。结合此种临床表现认为其基本病因病机为本虚标实，其本在气虚，肺脾肾三脏不足；标在瘀血、痰浊交阻于肺，肺络痹阻不通。而在临床上又以肺肾亏虚多见，其以肺气亏虚为根本，而肺气虚多因宗气虚，宗气虚则肺之主气、主治节的功能受损，肺气郁痹，不能通调水液、朝百脉以主治节，痰浊瘀血内生，内贮于肺，肺络痹阻更甚，进一步加剧疾病的发展。治疗上主张重补其大气，同时活血化瘀以通肺络，使益气活血通络贯穿治疗始终。

案例：李某，男，64岁。

初诊2015年11月14日。诉反复咳嗽、咳痰5年，咳嗽以干咳为主，心累气紧、动后明显，伴乏力，胸闷，纳差，舌紫暗苔薄白，脉细涩，在彭州某医院行胸部CT检查示：双肺下叶外带呈网格及蜂窝状改变，扩张性心肌病。患者既往有类风湿性关节炎病史近10年，肺功能检查提示：轻度局限性通气功能障碍，弥散功能中度减退。肺部听诊：双肺下部可闻及细小的干性爆裂音。患者就诊时口服强的松20 mg qd，服用多年。西医诊断为特发性肺间质纤维化。中医诊断为肺痿（气虚血瘀证），治以益气活血，理气止咳，予以独参汤合膈下逐瘀汤加减（人参30 g、桃仁10 g、丹参30 g、赤芍30 g、乌药15 g、延胡索15 g、当归15 g、川芎15 g、红花15 g、炒枳壳15 g、醋香附15 g、郁金15 g、炙甘草10 g。水煎服，2日1剂，分6次饭后半小时服用，每日3次，每次150 mL）。

复诊（2016年1月4日）：自诉咳嗽、心累、气紧较前好转，予益气活血散（生晒参500 g、三七250 g、丹参250 g、川芎250 g，打粉，每次10 g，鲜开水冲服，每日3次，饭后半小时服用，连服3个月）。

三诊（2016年4月8日）：自诉无咳嗽咳痰，无心累气紧，主要诉胸闷，胃纳欠佳，舌红少苔，脉细数，予以参苓白术散合瓜蒌薤白桂枝汤加减善后（人参30 g、赤芍20 g、炒白术15 g、茯苓20 g、山药15 g、当归15 g、桔梗15 g、炒枳壳15 g、砂仁15 g、麦冬15 g、瓜蒌15 g、薤白15 g、桂枝15 g、黄芪20 g、炙甘草15 g。水煎服，2日1剂，分6次饭后半小时服用，每日3次，每次服150 mL）。

患者一直门诊随访，大部分症状已明显好转，于成都中医大学附属医院复查胸部CT提示：肺纹理增粗，未发现明显肺纤维化，仍提示扩张性心肌病，与前片比较明显好转。

肺间质纤维化，其特征性表现是动则气喘，传统中医认为其病机为肾不纳气，治疗应该纳气平喘，但临床这样论治，则疗效较差。张老通过对肺间质纤维化的病理改变分析认为，肺间质纤维化的实质是肺间质的纤维化影响了肺泡与肺毛细血管的气体交换，是肺的换气障碍，治疗上应当改善微循环。从中医病机上分析，患者动则气喘表明患者存在元气亏虚，元气亏虚行血无力，血行停滞而致瘀血产生，而瘀血一旦形成，反过来又可影响气机的宣畅，故其病机实质是气虚血瘀，治疗上应当益气活血，症状较剧者可予独参汤合膈下逐瘀汤加减，膈下逐瘀汤（红花、桃仁、当归、赤芍、川芎、牡丹皮、乌药、延胡索、香附、枳壳、五灵脂、生甘草）出自清代王清任的《医林改错》，是其五大活血名方之一。方中当归、赤芍养血活血，配合桃仁、红花破血逐瘀，使瘀血祛而不伤阴血，且川芎为"血中之气药"增强逐瘀之力，加之香附、乌药、枳壳、延胡索这些行气药物，使气帅血行，更好发挥了活血逐瘀之力，甘草调和诸药。张老将原方中的牡丹皮换为郁金和丹参，因郁金活血破瘀，又能行气解郁，丹参有活血祛瘀、生新而不伤正之功，《本草纲目》谓其"能破宿血，补新血"，诸药合用共奏活血祛瘀、行气止痛之功。"气为血之帅"，气能生血，亦能行血，且活血药多耗气，故气虚者，常加生晒参，益气活血、顾护正气；血虚者，加黄芪（与原方中当归组成当归补血汤）补气生血。临床用后常收到较为理想的疗效，疗效最好者服药1个月后复查胸部CT平扫其肺间质纤维化表现已无。另外现代药理研究表明，活血化瘀药在改善微循环、促进炎症吸收、减少巨噬细胞释放纤维连结蛋白方面具有重要作用，可以延缓或阻断肺纤维化进程并减轻其临床症状。

上述医案中患者为老年男性，既往有类风湿性关节炎多年，并发肺间质病变，服用糖皮质激素多年，无明显改善；主因"反复咳嗽咳痰，心累、气紧，动后尤甚，全身乏力"，其病机为本虚标实，因元气亏虚行血无力，而致气虚血瘀，治疗宜补气扶正，活血化瘀。张老常说作为当代中医学子要懂得洋为中用，古为今用之道理，西医需要抓病理生理，中医需要抓病机，必须中西医结合，单纯中医不去思考西医的病理生理疗效甚微。故要学会运用西医学病理生理机制来指导用药治疗那些西医诊断明确的疾病，这样既能抓住核心，又能一目了然，事半功倍，这种临床思维运用后效果很好，如运用益气活血法可阻断间质纤维化的进一步发展，值得借鉴。

（二十一）焦虑症的中医治疗经验

焦虑症属于祖国医学"郁证"范畴，以广泛和持续的精神性焦虑为核心，主要表现显著的自主神经症状（如：心悸、胸闷、胸痛、咽部阻塞感和窒息感、全身发麻、呼吸浅快、多汗、头昏、震颤等）、肌肉紧张及运动性不安，严重影响患者身心健康、生活质量以及社会功能发挥。随着社会节奏的加快，人际关系、经济压力等诸多因素的影响，焦虑症发病率有逐年上升的趋势，因此焦虑症的防治工作已引起社会和医学界的广泛重视。西医治疗焦虑症治疗周期长、副作用大，停药后易反复，经济负担较重，尤其患者对此类药物具有抵触心理，造成该病治疗率低。诉求于中医中药成为一大形势，张老近年来对该病进行了一系列探索研究。

1. 对焦虑症的认识

郁证之"郁"字，具有气、积、滞等含义。关于郁病的病因，最早的记载见于《管子·内业》"郁忧生疾"。《素问·本病篇》明确指出郁病的病机是："人忧愁思虑，即伤心"，认为情志是导致郁证产生的重要原因。金元时期医家朱丹溪首创六郁说，即气、湿、热、痰、血、食之六郁病证。在《丹溪心法·六郁》中指出"气血冲和，万病不生，一有怫郁，诸病生焉，故人身诸病，多生于郁"。朱氏认为郁证初病体实，病变以气滞为主，病位多在肝。到了明清期，七情病因病机受到各科医家的普遍重视。虞抟在《医学正传》首先采用"郁证"作为病证名。赵献可提出"凡郁皆肝病也"（《医贯·血证论》）。他认为木郁是导致诸郁的关键，只要肝胆之气舒畅顺达，诸郁自会愈之。叶天士在《临证指南医案》中进一步指出，此证的发病和持续因素乃"因情志不遂，则郁而成病也……郁则气滞，气滞久必化热，热郁则津液耗而不流，升降之机失度，初伤气分，久延血分"。叶氏还提出了郁证治疗大法与治疗禁忌，提出"治郁不重在攻补，而在于用苦泻热而不损胃，用辛理气而不破气，用滑润濡燥涩而不滋腻气机，用宜通而不揠苗助长"，同时叶天士还认识到心理治疗的重要性，他提出"郁者全在病者能够移情易性"。

张老在治疗情志疾病过程中尤其重视肝、心二脏，肝郁气滞、气郁化火往往是导致病人焦虑烦躁的重要原因。肝主疏泄，为刚脏，性喜条达而恶抑郁，肝的疏泄功能对气机升降出入具有十分重要的调节作用。肝主藏血，各脏腑组织器官得到了肝血滋养才能发挥正常的生理活动。脾统血，在志为思，脾气以升为健，脾气健旺，生血有源，统血有权，使肝有所藏，肝血充足，藏泄有度，气血才能运行无阻。人的情志活动以气血为物质基础，受肝疏泄功能调节，将藏与肝内的血液输布与外周，这实际是肝脾相互协作，共同维持的体现。

由于肝脾在生理上的密切内在联系,故在病理上也常常相互影响。气郁则肝的疏泄功能失常,全身气机失调从而影响脾胃之气升降,中医称之为"肝木乘土",肝气疏泄不畅,横逆犯脾胃,影响脾功能。思为脾志,思虑太过,导致气郁或气结,有碍气机调畅,影响肝的疏泄功能。因此肝脾失和则可导致情志的异常变化,导致焦虑症的发生。

张老对焦虑症的辨证论治,把肝脾失和放在第一位,注重肝气舒展调达,主张以逍遥散疏肝解郁,并常合参苓白术散益气健脾,通过辨证分析随症加减。失眠严重者加酸枣仁汤养肝宁心、安神定志;烦躁易怒者加栀子豉汤清热除烦;性情反常者加甘麦大枣汤养心安神、补脾和中;心火亢盛者加黄连宁心泻火。

2. 验案举例

薛某,女性,35 岁,2016 年 03 月 15 日初诊。

患者 1 年前因精神刺激后,郁郁寡欢,时常太息,多疑善怒。后此症状持续存在,情志不遂时上述症状加重伴胸胁胀痛,脘腹痞胀,肢体麻木。素日多汗,纳差,每日睡眠约 3 个小时,入睡困难,多梦,大便干结,舌苔薄白,脉弦。

辨证:郁证——肝脾失和。

治法:疏肝解郁,理气和中。

处方:参苓白术散、逍遥散、甘麦大枣汤加减。

党参 20 g	茯苓 20 g	炒白术 15 g	陈皮 10 g
莲子 15 g	生甘草 10 g	山药 30 g	砂仁 10 g
薏苡仁 15 g	桔梗 10 g	当归 10 g	白芍 15 g
柴胡 15 g	浮小麦 30 g	大枣 10 g	

6 剂,两日 1 剂,水煎服。

2016 年 4 月 1 日二诊:自觉心情好转,胸胁胀痛消失,肢体麻木减轻。但夜寐仍然欠安。原方加首乌藤 30 g,继服 6 剂。服药后诸症好转。

按语:逍遥散具有疏肝解郁,调和肝脾之功;参苓白术散具有益气健脾之功效;甘麦大枣汤具有养心安神,和中缓急之效。方中当归、白芍益血、敛阴柔肝；柴胡升发阳气解郁，合以白芍疏肝；白术、甘草和中益脾，助土生木；茯苓利湿安神，助白术、甘草安心气；山药、莲子肉助以健脾益气；并用薏苡仁助白术、茯苓以健脾渗湿；更用砂仁醒脾和胃，行气化滞；桔梗宣肺利气，通调水道，又能载药上行；甘草、浮小麦、大枣三药合用甘润平补，养心调肝，使心气充，阴液足，肝气和，则诸症自可解除。诸药合用，疏郁调中，木达脾生，诸郁自解。

川派中医药名家系列丛书

学术思想

张晓云

张老从事中医急诊临床、科研、教学工作近50年，学验俱丰，会通中西，在总结和继承国医大师、全国名中医、四川省首届十大名中医陈绍宏教授学术思想基础上，她刻苦钻研，凝练了个人的学术思想。她认为辨证论治是中医的精髓，而辨证的关键在于掌握疾病的性质和演变规律。她提倡"病证结合"的识病观，推崇以现代医学知识诊断疾病，以中医思路辨证施治，强调对疾病本质的把握。她在长期救治危急重症患者的职业生涯中形成了"急则治标、留人治病"的指导思想，基于张景岳"有形之血不能速生，无形之气所当急固"的理论，提出"补元"的思想，在重症患者的治疗中提倡"大补元气""留得一分胃气，便有一分生机"的方法学。她博采伤寒和温病精髓，融合六经辨证、卫气营血辨证和三焦辨证的方法，集众家之长而活用，体现"师古不泥古、创新不离宗"的思想。在慢性病的诊治中，她始终强调"肝脾不和"病机的重要作用，"土得木则达""木赖土则荣"，如果肝失疏泄，脾失健运，则脾不能升清降浊，气血生化乏源，肝无血可藏，气机郁滞，从而导致慢性疾病迁延难愈，故临床上提倡以恢复肝脾功能为目的的治疗方法。针对肺心病诊疗，她认为"痰"是急性加重期主要矛盾，提出"开泄治痰"的学术思想，拟定中医治疗方案，取得了突出临床疗效，被卫生部作为适宜技术在全国范围推广。针对急性胰腺炎，她提出早期通腑的思路，为遏制病情发展提供了有效的办法。张老的学术思想主要可以从以下方面阐述。

一、尊崇经典，倡导经方

张老时常说，中医是一门经验性和实践性很强的学科，要学好中医，前提是要学好中医经典。经典著作是中医的精髓，蕴涵着理、法、方、药等丰富的理论，反映了中医诊治疾病的思维方法，对中医临床实践有着重要的指导作用，尤其对于已具备一定临床经验的医生来说，唯有熟谙经典，将中医理论学精学透，才能在诊病时融会贯通，举一反三。正所谓"至道在微，变化无穷，孰知其原"。笔者在中医经典门诊跟随张老坐诊，见其以桂枝汤为基础方治疗失眠获奇效，百思不得其解。张老释之，失眠的病机在于"阴阳失衡，阳不入阴"，正如《灵枢·大惑论》言："病而不得卧者，卫气不得入于阴，常留于阳。留于阳则阳气满，阳气满则阳跷盛，不得入于阴则阴气虚，故目不瞑矣。"因此，治疗上当以调整阴阳为基本原则。桂枝汤可调和营卫阴阳，故用之。其进一步阐述，中医治病讲究理、法、方、药，理是后三者的依据。准确认清疾病的发病机理才能合理的遣方用药，而中医理论之源在《内经》，《内经》中一些条文，如病机十九条，医者一定要经常背诵和熟记，用心去领会其中的奥妙。除《内经》外，张老力推《伤寒论》《金匮要略》《温热经纬》等中医经典著作，强调应熟读、精读，临证时不可生搬硬套。对此，张老以院内制剂"三桔喘咳口服液"举例，"三桔喘咳口服液"主治痰阻肺型COPD、慢支炎等肺系疾患，由三拗汤、瓜蒌薤白半夏汤及桔梗汤组成，从处方上面可以看出，该药功在宣肺化痰，而非止咳化痰。其理法源于《素问·阴阳应象大论》中："其高者，因而越之"。该条文指凡停留在咽喉、胸膈、胃脘等部位的痰涎食积等有害异物，可用"吐法"把它消除。医者在学习此条文时，切不可将其仅局限于催吐之法，而应推而广释之。慢支炎、AECOPD患者肺气已被痰湿所困，宣降不能，此时，当以祛除痰湿之邪，恢复肺之宣降为要务。肺为上焦，痰浊内蕴于肺中，治疗应因势利导，宣肺以促进痰液从口中排出。不可见咳止咳，猛用敛肺之品致闭门留寇，邪恋不去。之所以选用麻黄等温药，亦是因温能助肺宣发，符合《金匮要略》所述"病痰饮者，当以温药和之"，而瓜蒌薤白半夏汤和桔梗汤均出自《金匮要略》，前者原系治疗胸痹，后者治疗肺痈，选用二者组方配伍用来治疗慢支炎、AECOPD是扩大了经典原方的使用范围，师古而不泥古。

  张老善用经方，尤其善用经方组合加减辨治疑难杂症。她常说这些经方配伍严谨、组方精当药简力宏，是临床遣方用药之典范，千百年来一直被无数医家实践，经过了无数患者验证，疗效确切，堪称"古代循证医学"。张老要求学生门人应熟练背诵至少400首以上方剂歌诀，包括《伤寒论》方、《金匮要略》方、《温病条辨》方、叶天士以及其他一些医家的方。要熟记经方对应的方证条文，还要记住方剂组成、剂量、功能、主治以及煎服方法、服药后的反应等。对于经方的应用，张老强调不仅要学习仲景的组方立法，还需结合《内经》中的诊法、治则等理论，指导经方的运用。此外，她主张因证选方，强调"有是证必用是方"，而对于所患之证与经方不能完全"吻合"，即"方证相应不全"的现象，当需对经方进行适度、巧妙地增减变化，以便"方随证变"，切勿机械地套用经方，要活学活用，融会贯通。如治疗湿热便血以仲景之白头翁汤为基本方随症加减；治疗肺热壅盛之咳嗽用麻黄杏仁甘草石膏汤加减；治疗黄疸以茵陈蒿汤、小柴胡汤为基本方随症加减；治疗胃脘疼痛，痞满等症以半夏泻心汤为基本方随症加减。张老反对执一方以应百病，主张以患者病机为先，用药讲究灵活变通。其治疗失眠虽以桂枝汤为基础方，实则针对病情的"病症"变化遣方用药。如心神失养，抑郁失眠者合用甘麦大枣汤；郁郁寡欢、多疑善虑、失眠多梦者则合用柴胡加龙骨牡蛎汤。除合经方外，张老根据患者病证，也合用时方、验方，如逍遥散、柴胡疏肝散等；或进行少许药物加减，如痰热甚者，加竹茹、黄芩；心烦者，加莲子心、黄连；心悸者，加龙骨、牡蛎。诚如《伤寒论》所述"观其脉证，知犯何逆，随证治之"，这些与张老深厚的中医经典功底有关，更是其灵活务实的诊疗理念的具体体现。

二、谨守阴阳，治病求本

治病必求于本。本，是指疾病的本质。张老始终遵循"方从法出，法随证立"的古训，在临床上采取"辨证"与"辨病"相结合，强调辨证准确，分清表里寒热虚实与邪正盛衰，抓住疾病的本质，做到治病求本。张老临证近50年，积累了丰富的临床经验，针对疾病错综复杂的临床表现，她善于抓住要点，依据病人的代表性症状，运用六经、八纲来辨证论治。她常言：一病之寒热，全在口渴与不渴；一病之虚实，全在有汗与无汗；一病之表里，全在发热与潮热。即病之寒则口不渴，或假渴而不能消水、喜饮热饮、手足厥冷、溺清长、便溏、脉迟；病之热则口渴而能消水、喜食冷冻饮料、烦躁溺短赤、便结、脉数。病之虚则病中多汗、腹胀时减、复如故、痛而喜按、按之则痛止、病久禀弱、脉虚无力；病之实则病中无汗、腹胀不减、痛而拒按，病新得、人禀厚、脉实有力。病之表则发热恶寒、头痛鼻塞、舌上无苔，脉息浮；病之里则潮热恶热、腹痛口燥、舌苔黄黑、脉沉。可谓字字珠玑，发人深省。

曾治80岁老妪三叉神经眼支坏疽性带状疱疹，虽年老体衰，但抓住邪气盛则实，实者泻之，使用龙胆泻肝汤3剂而愈。何故？邪气去则正气来复。曾治疗一例发热病人，基础疾病是肝炎后肝硬化失代偿期、脾功能亢进、全血细胞减少、脾切除术后。患者于脾切除术后次日出现不明原因发热，持续20余天，曾在外院静脉滴注抗生素及对症治疗半月无效。患者以午后发热（38~39.2℃）为主，腹大如鼓，面色萎黄，不思饮食，少气懒言，舌质红，苔花剥。辨证为气虚发热，遵李东垣甘温除大热法，使用理中汤、补中益气汤和香砂六君子汤三方合方。服药后体温一直呈下降趋势，6天后体温完全恢复正常。该患者入院后上腹部彩超检查提示"门静脉主干血栓形成、该区血流信号不明显"，体温复常后予汤剂血府逐瘀汤加味口服，治疗过程中监测上腹部彩超，提示血栓体积逐渐缩小，该区血流信号逐渐增强这也是辨证求本、分清寒热虚实的例子。

三、重视元气与培元固本的重要性

张老在长期救治危急重症患者的临床工作中形成了"急则治标、危则固本、留人治病、标本兼治"的学术思想。在重症患者救治中提倡"大补元气""留得一分胃气，便有一分生机"的方法学，在治疗上重视元气为本，强调培元固本，同时兼顾人体本身抵抗力、修复力等内在因素的作用，指出不可见病不见人。

根据张景岳"有形之血不能速生，无形之气所当急固"的理论，张老应用甘草人参汤治疗急性上消化道大出血，她认为"血为气之母"，大失血患者往往气随血脱，出现晕厥、虚脱的证候。失血补血，本为常理，但由于补血的效果缓慢，有形之血，难以速生，值此生死存亡之际，而投补血药物，非但难解燃眉之急，反会贻误病机，危及生命。气为无形之质，易补易固，故当投峻补元气之药（如人参等），速培元气，只要元气尚存，生命就不至于丧失。且气能摄血，补气适能止血；气能生血，补气亦可补血。故临床遇有大失血元气将脱之时，固摄欲脱之气，最为当务之急，亦为临床急救之重要方法。

又如治疗中风，中风多见于中老年人，张景岳言"年力衰迈""中年之后乃有此证"。元气亏虚，甚则阴阳相失，精气不交，阳气暴脱。若营卫之气脱，则忽而汗出；若命门之气脱，则遗尿；若阳明之气脱，则口开不合；若太阴藏气之脱，则口角流涎；若肝脾之气败，则四肢瘫痪；若神败于心，精败于肾，则昏倦无知，语言不出。在此认识基础上，国医大师、成都中医药大学附属医院陈绍宏教授提出"中风病核心病机论"，张老赞同该理论并始终以之指导临床，认为中风病的核心病机是元气亏虚、痰瘀互阻、风火相煽；其中以元气虚为本，痰、瘀、风、火都是继发于元气虚的内生之邪；治疗上应遵循"治病必求其本"的思想，以大补元气为要务。在此理论基础上，采用"复元醒脑、逐瘀化痰、泄热熄风"多法并举的治法，共同拟定中风醒脑方（红参、三七、川芎、大黄），制成方便服用的中风醒脑口服液，应用于临床。且正因为是从辨病角度出发，是针对中风根本病机的方药，故它适用于中风全过程，大大提高了临床可操作性，经前期临床研究，降低了急性中风患者的病死率和致残率，取得了满意的疗效。

再如肺间质纤维化的治疗，张老认为本病多以"中老年发病，气短喘息，活动后加重"为主要特点，可伴有刺激性干咳，或有少量白色泡沫样痰，同时易疲劳，易感受外邪，患者一般形体消瘦，唇甲色暗，舌质可见淡暗或瘀暗，舌苔薄白，脉象弦细。结合此种临床表现认为其基本病因病机为本虚标实，其本在气虚，肺脾肾三脏不足；标在瘀血、痰浊交阻于肺，肺络痹阻不通。而在临床上又以肺肾亏虚多见，其以肺气亏虚为根本，而肺气虚多因宗气虚，宗气虚则肺之主气、主治节的功能受损，肺气郁痹，不能通调水液、朝百脉以主治节，痰浊瘀血内生，内贮于肺，肺络痹阻更甚，进一步加剧疾病的发展。治疗上主张重补其大气，同时活血化瘀以通肺络，使益气活血通络贯穿治疗始终，能延缓甚至阻断肺纤维化进程并减轻其临床症状。

张老在治疗急性胰腺炎方面提出"邪盛正虚"的病机认识，她认为在胰腺炎早期因肝郁、食积、湿热、虫积等，或因肝郁土壅，或因食积肠腑，或因湿热阻滞中焦等，致脾胃升降失常，脾土壅滞，腑气不通。脾胃居于中焦，脾主升清，胃主降浊，二者一升一降形成人体中焦枢纽，脾胃气机不利必然导致五脏气争，九窍不通。同时邪郁化热，邪热与糟粕相结成里实，故见大便秘结，脘中胀满而硬，腹痛，胃气不降，腑气不通，浊气上逆，故见气喘、恶心或呕吐等症。因此强调在胰腺炎早期及早扶正补虚是扭转病机，改善预后的重要措施，认为治疗当攻补兼施，在中医辨证论治的指导下，以"祛邪扶正"为原则制定了益气通腑治法。该治法结合当前中医药治疗急性胰腺炎的不足，忠于"通"之大法，又不拘泥于通，祛邪而不伤正，补虚而不恋邪，反映了整体观和辨证论治思想。

四、诊疗慢性肺系疾病的学术思想

肺胀（慢性肺源性心脏病、慢性阻塞性肺疾病、哮喘等）是多种慢性肺系疾患反复发作，迁延不愈，从而导致肺气胀满，不能敛降的一种病证。临床表现为胸部膨满、憋闷如塞、喘息上气、咳嗽痰多，烦躁心悸、面色晦暗、唇甲发绀、脘腹胀满、肢体浮肿等。患者平素多有慢性咳、痰、喘等症状，急性发作期往往由于感受外邪诱发平素慢性症状加重甚至恶化。张老根据多年临床经验，认为肺胀急性发作的主要病因病机为痰浊蕴肺、肺气闭郁，临床常兼有脾气亏虚或阳虚水泛之证。依据如下：① 从发病特点来看，"在肺为实，在肾为虚"，肺胀急发多由外邪诱发，发病时间短，以肺系症状为主要表现，故其病理性质以邪实为主，病变主要在肺，此外还可涉及脾、肾。② 从临床表现来看，急性期多由外邪侵袭而使平素慢性咳嗽、咯痰、喘息等症加重，表现为喘息气促，胸部满闷如塞，甚至不能平卧，咯痰量明显增多或痰黏难咯、咯痰无力或痰色由白变黄等，可有唇舌紫绀、发热等症；或见心悸、颜面、下肢浮肿等。可见急性期主要是痰的色、质、量的变化和喘息气促的加重，故从其临床表现变化看也以痰浊壅盛、肺气闭郁为主要病机。③ 从中医脏象特点来看，肺主气，司呼吸。肺居高位，亦称华盖，肺叶娇嫩，不耐寒热，又名"娇脏"。肺主皮毛，开窍于鼻，凡外邪袭人，非从皮毛而入，即由鼻窍而入，故六淫外邪首先伤肺卫。"肺为贮痰之器"，外邪袭肺，与风痰互结，导致痰浊蕴肺，阻塞肺道，而肺气闭郁。肺气闭郁，宣发无能，则痰液咯出不利；肃降无权，肺气上逆而为喘。肺为水之上源，主通调水道，肺气闭郁，通调水道失职，则颜面、下肢浮肿。肺气闭郁，朝百脉，主治节之功受损，血脉运行不畅，可产生瘀血，故可见唇舌紫绀之症。此即古人"外有非时之感，内有壅塞之气，膈有胶固之痰"也。可见肺胀急性发作期一系列临床表现皆与肺气闭郁，肺脏生理功能受损有关，而肺气闭郁又是由于外邪袭肺，引动风痰所致。脾在五行属土，肺属金，脾为肺之母，肺为脾之子，子病日久可盗母气，而致脾气亏虚。脾为气血生化之源，"后天之本"，脾主运化、升清，脾失健运，津液代谢障碍，水液停滞，聚而生痰成饮，影响肺的宣发和肃降，此即"脾为生痰之源，肺为贮痰之器"，又可加重肺脏病变，二者可相互影响。"肺为气之主，肾为气之根"，肺主通调水道，肾主水，故肺病可累及于肾。肾虚不能制水则可见阳虚水泛之证。

综上，张老认为痰浊蕴肺为肺胀急性发作始作之蛹，而肺气闭郁则是脏腑主要病理变化，为发病中心环节。故治疗以宣肺化痰为主要治则，认为只有宣肺才能解肺气之闭郁，化痰才能解痰浊之蕴肺。以三拗汤、瓜蒌薤白半夏汤（去白酒）、桔梗汤（麻黄15 g、杏仁12 g、全瓜蒌30 g、薤白10 g、法半夏15 g、桔梗30 g、甘草10 g）为基本方。以三拗汤开宣肺气，散风寒而平喘，瓜蒌薤白半夏汤通阳散结、祛痰宽胸，桔梗汤祛痰排脓。三方合用，共奏宣肺平喘，化痰止咳之功。临床若有病人兼有面色萎黄、不思饮食，便溏或虚坐努责等脾气亏虚证候者，加香砂六君子汤（广木香15 g、砂仁15 g、陈皮15 g、党参30 g、云苓10 g、炒白术30 g），以行宣肺平喘、化痰止咳、健脾益肺之力，也即"虚则补其母""培土生金"之意；若兼有心慌、心悸、咳而上气，不能平卧，甚至身肿下肢为甚者，此系合并阳虚水泛之证，加五苓散去猪苓（云苓30 g、桂枝15 g、炒白术30 g、泽泻30 g，同时合并苓桂术甘汤在内），以宣肺平喘、化痰止咳、温阳利水，也即"病痰饮者，当以温药和之"之意。此即《景岳全书》："然发久者，气无不虚，故于消散中酌加温补，或于温补中酌加消散"。

张老以此方案治疗肺胀，临床每每取得满意疗效。她始终强调祛痰为治疗关键，若痰浊得清，则肺道通畅，邪祛而咳喘自平。"痰为阴邪，非温不化"，故临床反对辛凉、清热解毒、泻肺之品。张老强调肺胀等慢性呼吸系统疾病急性发作系痰浊蕴肺而非痰热，即便有黄色脓稠痰，也是肺气郁闭不宣，痰浊郁而化热所致。寒性收引，可使肺气闭郁，加重病情。此外，若温化无力，痰饮郁久也可化热。故清热解毒之品只是抓住现象，而不是疾病的本质，只要肺脏宣发功能复常，痰液有所出路，黄痰自可好转，故宣肺、化痰才是正法，此即治病求本的思想。有些患者伴有口干乏力、咳痰黏稠难出、舌质红绛无苔等症状，极易误认为阴虚之证，而投以大剂滋阴之药。张老认为患者虽有口干但却多不喜饮，此系伴有脾虚水液运化无力所致，而非热病伤阴。咳痰黏稠难出，为肺气闭郁、宣发无力所致，舌质红绛无苔也为脾虚气血运化无力，不能上乘于舌之象。滋阴药可冰伏邪气，使肺气闭郁更甚，宣肺化痰、兼以益气健脾才是正法。针对一些医家急于止咳而使用收敛固涩药，张老强调肺为华盖，宜宣不宜敛，且肺胀急性发作多伴邪实，故在治疗用药上不宜敛肺止咳，以防痰液引流不畅，加重病情。

此外，急性发作期虽有血瘀症候，但其主要是因为肺气闭郁，肺主治节功能受损所致，因此不主张立即使用活血化瘀药物。虽可兼阳虚水泛，而小便不出，身肿下肢为甚，但肺气闭郁，肺主通调功能受损才为关键，此时可合温阳利水之药，但利水不能太过，故五苓散去猪苓而减利水之力。

五、"气血冲和，百病不生"：肝脾不和的学术思想

现代社会节奏加快，工作和生活压力增高，人们思虑过多，所欲不遂，情志失畅，肝郁气滞成为普遍存在的一类病机要素。张老相当重视肝郁病机的重要影响及疾病规律，根据《素问·玉机真脏论》言："肝受气于心，传之于脾"，《金匮要略》："夫治未病者，见肝之病，知肝传脾，当先实脾"，张老将肝脾两脏的关系概括为以下3种类型：①脾之运化赖肝以条达。脾运化水谷精微，主升清，如《素问·奇病论》言："五味入口，藏于胃，脾为之行其精气。"《素问·经脉别论》言："饮入于胃，游溢精气，上输于脾，

脾气散精，上归于肺。"肝的疏泄功能，既可助脾之运化，使清阳之气升发，水谷精微上归于肺，又能助胃之受纳腐熟，促进浊阴之气下降。正如《血证论·脏腑病机论》所言："木之性主乎疏泄。食气入胃，全赖肝木之气以疏泄之，则水谷乃化。设肝不能疏泄水谷，渗泄中满之证在所难免。"脾之升清，胃之降浊，皆依赖肝调畅气机的正常功能实现，即"土得木则达"之意。②肝之疏泄赖脾以滋养。脾主生血，为气血生化之源，血生于脾而藏于肝。肝以血为体，以气为用，动静有度，保证正常疏泄功能，即"木赖土得荣"之意。若脾失健运，气血生化乏源，肝血不足则肝气有余、疏泄太过，而为肝风、肝火之灾。如《质疑录》所言："肝血不足，则为筋挛、为角弓、为抽搐、为爪枯、为目眩、为头痛、为胁肋痛、为少腹痛、为疝痛诸证。"③肝脾不和即气血失调。张老指出，肝脾两脏的协作关系集中体现为气血的协同作用。气为血之帅，血为气之母，肝为脾升清降浊，脾生血供肝藏之。若肝疏泄有度，气机调畅，脾气健运，中宫敦厚，气血生化源源不绝，则心主血脉、肺朝百脉、通调水道、脾统血液等功能均可顺利运转，从而保证全身脏腑器官功能的正常运行。由此可知，肝脾在功能上表现为对立制约与互根互用的辩证关系，脾胃并非仅仅扮演肝病传之的被动角色，脾失健运—脾不生血的病理机制与肝失疏泄一样，在疾病发生发展中发挥着关键作用，故临床治疗内科疾病特别重视调理肝脾功能。

学术传承

川派中医药名家系列丛书

张晓云

冷建春

医学博士，硕士研究生导师，教授，主任医师，四川省中医药管理局学术和技术带头人，四川省拔尖中医师，四川省名中医。现任成都中医药大学附属医院全科医学科主任，世界中医药联合会热病分会副会长、世界中医药联合会急症分会常务理事、中华中医药学会急诊分会常委、中华中医药学会内科分会委员、中华中医药学会全科医学分会委员、中国中医药研究促进会全科分会副会长兼秘书长、四川省中医药信息学会全科专委会主任委员、成都市医学会急诊专委会委员，教育部学位中心学位论文评审专家，《中国现代医生杂志》编委，《中国实验方剂学》杂志审稿专家，四川省同心专家服务团优秀专家。长期坚持临床一线工作，临床经验丰富，对各种复杂疾病、疑难病症临床诊疗经验丰富。

黄 斌

成都中医药大学附属医院全科医学科副主任医师，四川省拔尖青年中医师，全国第五批老中医药专家学术经验继承人，从事临床、教学、科研工作20余年。

张怡

成都中医药大学附属医院老年科副主任医师，博士学位。现任中国医师协会中西医结合急救医学专家委员会委员，先后在国内核心期刊发表论文10余篇，先后主持或作为主要研究者参加科研课题5项。

金伟

现任成都中医药大学附属医院急诊科副主任，副主任医师，四川省名中医张晓云教授师承弟子，全国名中医陈绍宏教授名中医工作室秘书，现任中国民族医药学会急诊医学分会理事，中国民族医药学会热病专业委员会理事，四川中医药学会急诊专业委员会理事兼秘书，中国中西医结合学会急救专业委员会委员，世界中医药联合会急诊专业委员会会员。

张宏

现任成都中医药大学附属医院急诊科副主任，主治医师，临床医学硕士，师承于全国名中医陈绍宏教授、四川省名中医张晓云教授。现任世界中医联合会急诊专委会委员，中国民族医药学会急诊分会委员，四川省中医药学会急诊分会秘书兼常务理事。国家中医药管理局急诊脑病重点专科秘书。国家"感冒中医指南"修订专家。

谢荃

博士，副主任医师，第六批全国名老中医药专家学术经验继承人，指导老师张晓云教授。现任中华中医药学会内科分会委员，中国中西医结合学会活血化瘀专委会委员，中华中医药学会脑病分会委员，中国民族医药学会热病分会常务理事，中国医师协会中西医结合分会急救医师专委会青年委员，世界中医药学会联合会急症专委会理事，四川中医药学会急诊专委会委员。

论著提要

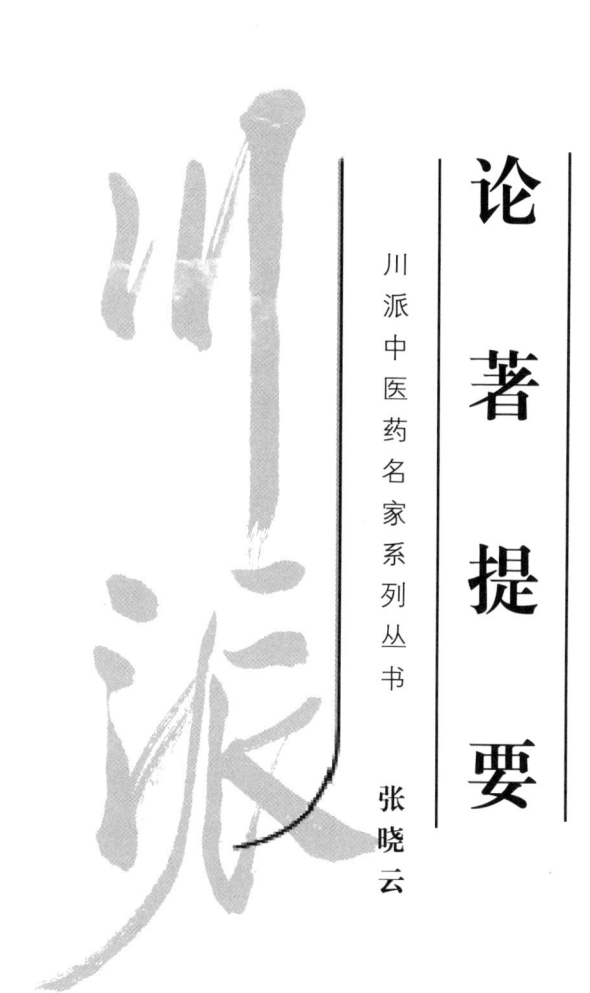

川派中医药名家系列丛书

张晓云

一、《中西医临床危重病学》（2012年）

本书是高等中医药院校西部精品教材之一。全书分为上下篇，共二十四章，在中西医结合理论指导下，从西医与中医的不同角度系统地阐述了危重病常用监测及诊疗技术与常见危重病证的治疗方法。本书主要供高等医药院校中西医临床专业、中医专业使用，亦可作为中医师及中西医医师参考用书。

二、《中西医结合急救医学临床研究》

本书为全国高等中医药院校第二轮国家卫生计生委"十三五"研究生规划教材的一个分册。本套教材以加强中医药类研究生临床能力（临床思维、临床技能）和科研能力（科研思维、科研方法）的培养，突出传承，坚持创新，着眼学生进一步获取知识、挖掘知识、提出问题、分析问题、解决问题能力的培养，正确引导研究生形成严谨的科研思维方式和严肃认真的求学态度为宗旨。

三、《中医急重症学》（2012年）

本书以传统中医药理论为核心，结合近年来中医急重症学理论及临床进展，建立适合急重症临床的理论基础及辨证体系。在各科理论和临床课程基础上，系统阐述临床各科急危重症的诊断、辨证救治和救护等内容，为学生掌握中医急重症技能打下良好基础。

四、《中医急诊学》(2016年)

本书作为"十三五"规划教材的核心示范教材,在继承历版规划教材优点的基础上,又进一步修订完善。总论部分探讨了中医急诊学概念、发展简史、急危重病病因、病机、发病学说,探讨了急危重病的辨证理论体系以及中医急诊学科的地位、急诊学科的研究方法,并对急诊重症的中医诊治思维进行了专篇论述;病证篇探讨了急症常见证候的辨证救治,疾病篇探讨了常见急危重病的诊治,在每一证候和每一疾病的辨治中,始终贯穿中医急诊学的辨治体系和临床思维;急诊技术篇介绍了急诊常用急救技术。

五、《中西医结合急诊内科学》(2017年)

本书是普通高等教育"十三五"规划教材之一。全书以中西医理论为基础,立足于内科急危重症的中西医抢救和治疗,系统地介绍了常见内科急症的诊断思路和处理原则。本书采用以现代医学系统疾病为纲,中医病证相对照的方法,对内科急危重症阐述了中医病因病机、西医病理机制、临床表现、实验室和其他检查、诊断和鉴别诊断、急救治疗等。书中有机结合中西医学基础知识和基本技术内容,使中西医理论保持各自的完整性,在提供深度与广度适宜的知识素材基础上,采用辨病与辨证相结合,阐明中医在常见危急重症的切入点,培养学生的中西医结合急救临床思维。本书内容具有科学性、探究性、实用性及可操作等特点,反映了急诊急救研究的新理论、新观点、新知识和新技术。

六、《中医急诊临床研究》(2009年)

本书主要是为了适应研究生的急诊教学而编写的,因此不同于本科生教材注重基本知识、基本理论、基本技能的特点，而是更注重研究性与实用性，突出了中医急诊学的研究方法和研究动态，突出中医急诊教学中个案教学法的重要性。上篇临床理论研究部分，着重探讨了中医急诊学的思路和方法、毒邪的致病特点、三态辨证以及针灸在中医急诊急症中的应用。在中医急诊辨证纲领研究方面，重点论述了"虚状态""实状态""虚实夹杂状态"三态辨证纲领在中医急诊的应用价值及其研究。在中篇论述了多种急危重症的研究现状与展望，如高热、休克、脓毒症、急性呼吸窘迫综合征、神昏、急性出血、急黄、急性胰腺炎、猝死、中风、支气管哮喘、慢性阻塞性肺疾病急性加重期、急性冠脉综合征、急性心力衰竭、急性肾衰竭、急性中毒、蛇咬伤、急腹症、急性创伤、痛经、崩漏（妇科急症）、小儿惊厥（儿科急症）的研究进展。在这些论述中注重现代中西医的进展，同时对研究思路进行了探讨。下篇选编了大量典型的古今医案，并予以分析。中医急诊学是一门临床医学，临床教学中病案教学就非常重要，学习过程中通过一个个医案学习的积累，将有助于学生临床技能的提高。

学术年谱

川派中医药名家系列丛书

张晓云

- 1953 年，出生。
- 1973 年，20 岁。

考入成都中医学院。
- 1976 年，23 岁。

毕业于成都中医学院，在成都中医学院附属医院内科工作。
- 1978 年，25 岁。

担任内科住院医师工作。

同年，前往国家教委中医基础理论学习班学习并顺利结业。
- 1984 年，31 岁。

2 月，于浙江医科大学附属医院进修，结束后又前往四川华西医科大学内科进修。
- 1985 年，32 岁。

于四川华西医科大学心血管科进修。

同年，师从陈绍宏教授，正式从事中医急诊工作。
- 1986 年，33 岁。

开始从事中医临床医学科研工作，对中医药治疗脑出血进行探讨，并对感染性发热疾病开展工作。
- 1988 年，35 岁。

作为主研人员参与的中医药治疗脑出血课题被自然科学基金正式立题。

担任中医急诊主治医生。
- 1989 年，36 岁。

作为主研人员参与的应用仲景学说治疗感染性发热疾病课题在四川省科技厅正式立题。
- 1991 年，38 岁。

作为主研人员参与的中医药治疗脑出血课题在国家科技部作为攻关项目正式立题。
- 1992 年，39 岁。

主持参与课题"用仲景学说治疗感染性高热"获得四川省科技进步二等奖。

- 1994年，41岁。

主持参与的项目"散寒解热口服液的临床与工艺制剂研究"获四川省科技进步二等奖。

中医药治疗急性脑出血课题"逐瘀化痰口服液治疗急性脑出血的临床研究"获得四川省科技进步二等奖、四川省中医药科技进步一等奖。

担任中医内科副主任医师工作，成为成都中医学院（现成都中医药大学）副教授，主讲中医急诊学。

同年，担任急诊科副主任，全国中医急诊医疗中心副主任。

- 1995年，42岁。

作为主研人员的课题"逐瘀化痰口服液治疗急性脑出血的临床研究"获得国家中医药管理局科技进步二等奖。

- 1997年，44岁。

复元醒脑液的新药研究获国家新药基金资助。

同年，被四川省人民政府授予"四川省有突出贡献的优秀专家"称号。

- 1999年，46岁。

担任中西医结合临床内科专业硕士研究生导师工作。

- 2000年，47岁。

4月—6月，受到了美国康州耶鲁大学龚忠恕邀请，跟随陈绍宏教授至耶鲁大学进行学术访问。

发表《复元醒脑口服液降低颅内压作用的实验研究》。

同年，国务院授予政府特殊津贴。

- 2003年，50岁。

在2003年非典期间，协助陈绍宏制定四川省中医药防治方案，有效遏制了SARS病毒在省内流行及传播。

同年，担任博士研究生导师，并被四川省人事厅、卫生厅、中医药管理局授予"四川省名中医"称号。

- 2004年，51岁。

4月，担任中医内科主任医师工作，成为教授。

4月—6月，参加国务院组织的医疗队，被派遣至新西兰、澳大利亚、斐济为我国外交官及华人、华侨提供医疗服务。

同年，取得"散寒解热口服液"发明专利。

- 2005 年，52 岁。

发表《溃疡止血口服液治疗上消化道出血临床观察——附 89 例病例报告》《Beagle 犬含药脑脊液干预皮层神经元出血损伤细胞凋亡时间窗的实验研究》《Beagle 犬含药脑脊液干预急性脑出血体外细胞模型时间窗的实验研究》。

同年，四川省人民政府批准为四川省学术和技术带头人。

- 2006 年，53 岁

作为主研人员参与科技部重大疑难课题——"中药灯盏参麦胶囊对脑梗死的二级预防研究"。

发表《综合治疗肺心病急性发作期临床研究》《宣肺平喘、温阳利水法对肺心病急性加重期合并周围性水肿患者抗利尿激素的影响》《陈绍宏教授"中风核心病机论"》。

- 2007 年，54 岁

发表《中西医结合综合治疗方案治疗肺源性心脏病急性发作期临床研究》《中西医结合治疗肺心病急性发作期肺动脉高压 32 例》《宣肺平喘、温阳利水法对肺心病急性加重期合并周围性水肿 ADH 的影响》。

- 2008 年，55 岁。

1 月，作为课题负责人在国家卫生部"国家十年百项工程计划"立项成果——"中西结合治疗肺心病综合方案推广"，次年获得四川省科技进步三等奖。

5·12 汶川大地震期间，亲赴灾区开展医疗救援工作，共救治极重伤员 89 名，成功避免 13 名患者截肢，有效降低了病死率及致残率。并协助陈绍宏教授制定预防灾后传染病的中药处方，服药人数达 150 万人次，有效确保灾后无大疫。

发表《宣肺平喘、温阳利水法治疗肺心病急性发作期合并心衰临床观察》《活血化瘀中药复方治疗急性脑出血病死率的系统评价》《活血化瘀中药复方治疗急性脑梗死病死率的系统评价》。

- 2009年，56岁。

协助陈绍宏教授执笔制定了"甲流"中医药防治方案，据成都市传染病医院卫生经济学统计，为全省节约了1.7亿的卫生支出。

发表《宣肺化痰法治疗慢性肺源性心脏病急性发作期疗效观察》。

同年，担任急诊科主任、大内科主任、内科系主任。

- 2010年，57岁。

发表《血乳酸水平清除率与脓毒症及感染性休克患者预后的关系》《中西医结合治疗肺源性心脏病急性发作期合并呼吸衰竭临床研究》。

- 2011年，58岁。

作为课题第一负责人主持参与了省教育厅项目"治疗急性脑出血医院制剂中风醒脑液新药转化的药学研究"。

发表《中风醒脑液SD大鼠含药血清对体外培养神经细胞缺血再灌注损伤保护作用的实验研究》《中西医结合综合治疗肺心病急性期122例》《活血化瘀中药复方治疗急性脑出血病死率的系统评价》《上感颗粒对不同中医证型病毒性上呼吸道感染发热患者的退热疗效》《活血化瘀中药复方治疗急性脑出血神经功能缺损系统评价》《中西医结合方案改善急性脑梗死患者神经功能缺损情况临床疗效观察》《上感颗粒对病毒性上呼吸道感染患者体温的影响》。

- 2012年，59岁。

1月，作为课题第一负责人主持参与了省中医药管理局项目"慢性阻塞性肺疾病急性加重期中西医结合综合方案研究"，省科技厅项目"治疗急性脑出血医院制剂中风醒脑液新药开发临床前研究""急性脑出血并发颅内高压中医药综合方案临床研究"。

3月，获得四川省妇女联合会授予的"四川省三八红旗手"称号。

发表文章 Protective Effect of Ginsenoside R0 on Anoxic and Oxidative Damage In vitro、《活血化瘀中药复方治疗急性脑梗死的系统评价》《论出血性中风急性期的中医药治疗》《协定处方2号治疗肺心病急性加重期临床疗效观察》《清金化痰汤加减治疗脑出血急性期并发肺部感染30例临床疗效观察》《中药复方辨证干预治疗ICU抗生素相关性腹泻45例临床疗效观察》

《从痰辨证论治脑梗死后出血性转化的临床观察》《中风醒脑液对体外培养缺血再灌注 PC-12 细胞 GAP-43 和 NF 蛋白表达的影响》《中风醒脑液对大鼠缺血再灌注的保护作用和治疗时间窗》《外感发热中医急诊退热方案的研究——附 906 例临床资料分析》。

- 2013 年，60 岁。

发表文章 *Preventive and therapeutic effects of ginsenoside Rb1 for neural injury during cerebral infarction in rats*，《中风醒脑液对体外培养缺血再灌注 PC-12 细胞 SOD 活性及 MDA 含量变化的影响》《参七复脉方对气虚血瘀型急性心肌梗死患者颈动脉粥样硬化影响的临床研究》《上感颗粒治疗急性上呼吸道感染发热的随机双盲双模拟多中心临床研究》。

8 月，受邀担任中华中医药学会急诊分会副主任委员。

同年，取得"三桔咳喘口服液"发明专利。

- 2014 年，61 岁。

发表《清瘟败毒饮对脓毒症患者血乳酸和胱抑素 C 影响的临床观察》《中风醒脑口服液结合康复训练早期干预缺血性脑卒中后运动功能障碍临床研究》《中西医结合治疗肺心病急性发作期 120 例临床观察》《中西医结合治疗慢性肺源性心脏病急性加重期并消化道症状 60 例临床观察》《益气调营法治疗表虚气陷腹泻型肠易激综合征临床观察》。

11 月，担任世界中医药联合会急症专业委员会副会长。

- 2015 年，62 岁。

3 月，担任中国民族医药学会急诊医学分会副会长。

7 月，担任中国民族医药学会脑病分会副会长。

发表《益气活血法对脑出血恢复期患者神经功能、残疾程度及运动功能的影响》《浅论〈黄帝内经〉对脾胃的认识——重在"气"》《大剂量活血化瘀中药治疗脑出血后迟发性脑水肿疗效观察》。

同年，获得中国教科文卫体工会全国委员会、国家卫计委办公厅授予的"全国医德标兵"称号，以及四川省卫计委、四川省中医药管理局授予的"四川省卫生计生领军人才"称号。

- 2016 年，63 岁。

发表文章 Therapeutic effect of He-Wei-Tong-Xie decoction on acute pancreatitis complicated with gastrointestinal dysfunction, Multicenter clinical efficacy observation of integrated Traditional Chinese MedicineWestern Medicine treatment in acute onset period of pulmonary heart disease《益气活血散治疗颈动脉粥样硬化的临床疗效》《益气活血中药对大鼠神经细胞生长的影响观察》《陈绍宏教授运用膈下逐瘀汤的临床经验》《清瘟败毒饮对脓毒症患者血乳酸和胱抑素 C 影响的临床观察》。

同年，担任中华中医药学会脑病分会副主任委员，被中国医师协会评为"住院医师心中好老师"。

- 2017 年，64 岁。

发表文章 Efficacy of traditional Chinese herbal medicine in the treatment of gastrointestinal polyps and chronic gastritis:A case report，《从炎症/免疫反应调节浅析调气活血药物抗肿瘤效应的机理》《益气活血中药制剂对大鼠脑缺血-再灌注损伤脑组织的保护作用》《李培教授治疗慢性胃炎之经验总结》《麻桔喘咳口服液治疗慢性阻塞性肺疾病急性加重期急诊留观病人疗效观察》。

同年，获得人力资源和社会保障部、国家卫计委、国家中医药管理局授予的"全国卫生计生系统先进工作者"称号。

- 2018 年，65 岁。

被四川省人民政府评选为"四川省第三届十大名中医"。

发表《中西医结合方案对非 ST 段抬高型急性冠状动脉综合征保守治疗患者的临床研究》。

- 2019 年，66 岁。

5 月，作为课题第一负责人主持参与了省科技厅项目"益气活血法治疗急性脑出血的临床研究"。

6 月，担任成都中医药大学附属医院急诊科学术主任。

9 月，作为课题第一负责人主持参与部委级项目"通腑泄浊法对脑出血急性期并发脑水肿的临床研究"。

主编国家教材《中西医临床危重病学》。

- 2020年，67岁。

发表《电针刺激迷走神经调控去甲肾上腺素治疗卒中的研究进展》《论老年衰弱的核心病机与治疗法则》《从死亡患者遗体解剖情况探讨中西医结合治疗新型冠状病毒肺炎的方向》《复苏合剂对急性呼吸窘迫综合征患者机械通气的影响》。

- 2021年，68岁。

发表《中风醒脑液组方中药治疗卒中的药理作用研究进展》《2020年慢性阻塞性肺疾病全球倡议〈COPD诊断、治疗与预防全球策略〉指南解读（一）——稳定期药物管理》。

- 2022年，69岁。

发表《基于2021年GOLD〈COPD诊断、治疗与预防全球策略〉解析慢性阻塞性肺疾病稳定期非药物管理策略》。

附录：诊余轶事

一、中医缘　大医情——记大美医者张晓云

李小溪是 2016 年高考大军里的普通一员，经过自己的不懈努力，取得了不错的成绩。到了填报志愿的这几天，和犹豫不决、瞻前顾后的同班同学们相比，李小溪显得沉稳了许多，在她心中报考哪所大学就读什么专业，早就有了既定的答案。

事情要追溯到 2014 年的一天，李小溪的妈妈何大姐和往常一样准备好早餐，看着女儿狼吞虎咽地吃饭，一天天长大的样子，何大姐脸上露出了幸福的笑容，感觉自己一个人多年的辛苦也是值得的。等到女儿吃完饭后，两人一起出门，清晨的街道充斥着匆忙的人群与来往的车辆，何大姐一边叮嘱女儿学习的事情，一边想着下午下班要买点鲫鱼回家。昨天办公室小王说鲫鱼汤特别好，女儿最近学习紧张老熬夜，老妈最近胃口不好，正好都补一补。想到和女儿、老妈美滋滋的围在桌前喝着鱼汤的样子，何大姐不觉嘴角上扬。就在这时候，突然没由来地胃里一阵翻江倒海，接着两眼一黑就晕了过去。失去意识的何大姐牙关紧闭，口吐白沫，四肢剧烈抽搐。李小溪见状，手足无措，心急如焚，周围的人见此景象乱成一团，这时有人拨打了 120 急救电话。急救医生到现场后，判断为癫痫发作，经给予畅通气道、地西泮静推后由救护车接回医院急诊科，但患者仍然昏迷不醒，反复抽搐，急救医生当机立断，行气管插管保护气道，并积极抗抽搐治疗，急诊头颅 CT 未见异常，为进一步明确抽搐原因，送入急诊监护室抢救治疗。

转入 EICU 的何大姐仍然处于深度昏迷之中，李小溪在病房外面焦急万分地等待着，她只看到监护室的医生、护士为抢救她母亲来回忙碌的身影。此时的李小溪几近崩溃，自从父亲因为白血病去世后，她就和母亲、外婆相

依为命，这些年母亲既要主外又主内，当爹又当妈，既要赚钱养家，又要照顾上学的自己和年迈的外婆。母亲的辛苦，李小溪看在眼里，记在心里。这个硬撑了半辈子的母亲，终于撑不住倒下了。李小溪找到她妈妈的主管医生，泪眼婆娑地询问着母亲的情况。可是，她又不知道从何问起，只能一遍遍重复"医生，我妈妈怎么了，你能不能救救她"。监护室里的何大姐不停地出现着新的生命危情：急性肾功能不全，急性肝损伤，凝血功能障碍。每天主管医生都和何大姐一起并肩与死神战斗，一想到李小溪无助的眼神，医生战胜病魔的决心就更加坚定了一分。三天过去了，何大姐的各项生命体征终于稳定下来，但却仍未苏醒。为了明确原因，主管医生给何大姐安排了 MRI，结果显示多发皮质下脑梗死，大家心里都清楚，这种情况要醒过来是很艰难的，目前只是暂时稳定了生命体征。

主管医生请来张晓云主任查房，张主任到病房仔细查看病人后，带领医生团队到示教室进行病例讨论。主管医生汇报完病史，其他医生相继发表自己的看法后，此刻张主任仔细地翻阅着病人的病历，给各位医生总结了患者的病史特点及重要的辅助检查结果，说道："目前患者诊断中医：神昏、中风——痰瘀互结，蒙蔽清窍证；西医：①多发皮质下脑梗死；②继发性癫痫，癫痫持续状态；③多脏器功能不全。下一步治疗措施：①进一步稳定生命体征；②继续抗癫痫治疗；③保护重要脏器功能，防止并发症。中医认为中风是在元气亏虚的基础上，因劳倦内伤、情志不遂、嗜食厚味及外邪侵袭等诱因引起脏腑阴阳失调，气血逆乱，产生风、火、痰、瘀，导致脑脉痹阻。陈绍宏教授也提出了'元气亏虚为本，气虚生瘀，瘀血生痰，痰郁化火，火极生风'的中风发病理论，结合患者平素操劳的情况，符合陈教授提出的虚、瘀、痰、火、风的病机，故予以中风醒脑液鼻饲以复元醒脑、逐瘀化痰、泄热熄风。"

在鼻饲了 4 天中风醒脑口服液之后，就像电视剧里演的那样，何大姐最先动了动手指，然后轻轻地抬了抬手，患者意识逐渐恢复，脱机拔管成功后说的第一句话竟是："我的眉笔喃？"让大家忍俊不禁。张主任得知何大姐苏醒的消息，来到床旁查看情况，微笑着对医生们说："怎么样？中医还是可以吧！"医生们看看正在自言自语的何大姐又看看张主任从容的微笑一时间竟惊讶得说不出话来，只能啧啧称奇。何大姐的苏醒为张主任带领的急诊科全体人员打了一针强心剂，醒过来无疑是阶段性的胜利。

李小溪看到妈妈醒来，激动得说不出话，搂着妈妈又哭又笑，这短短 7 天简直是她生命中最漫长的时光，每次下午的探视，都带着希望而来却又失望而归。最怕半夜电话响，怕是妈妈的病情突然恶化，这一切的一切都让年仅 17 岁的李小溪心力交瘁。何大姐看着女儿又哭又笑，一把鼻涕一把泪的样子有点茫然，悻悻地转过身打了一个哈欠，又睡了。李小溪吓得使劲推搡，边推边喊："妈妈不要睡，醒醒！醒醒！"何大姐恼怒地凶道"困！要睡！要睡！"李小溪这才确保妈妈是真的疲倦而不是昏迷，才放心让何大姐睡去。

转出监护室不久，大家又发现了新的问题，虽然何大姐苏醒了，但距离真正的清醒还有很长一段距离，循衣摸床，隔衣解扣，自言自语，振臂而呼的情况时有发生，而且因为脑梗死面积较大，何大姐的智力、语言能力、定向能力、计算能力、注意力集中情况都有严重的下降，从前精明地操持着整个家庭的女人，如今只有小学生水平。

"接下来的任务，就是要让病人慢慢好起来。"张主任对大家说。结合舌脉，四诊合参之后张主任调整了中药，改用中风醒脑口服液加天然麝香。张主任细心地向同学们讲解道："《本草纲目》记载：'麝香走窜，能通诸窍之不利，开经络之壅遏'。脑梗死之后离经之血便是瘀，瘀阻脑络，神志不清，治疗重在活血化瘀，醒脑开窍，中风醒脑液中加入麝香既能逐瘀化痰，又能醒脑开窍。"可到哪里去找天然麝香呢？虽然不懂医，可也从电视里听过，知道麝香是名贵中药，这可难倒了李小溪。好不容易放松下来的李小溪又焦虑起来。张主任看出了李小溪难处，主动提出帮她找到麝香，让她放心。李小溪看着张主任感动得说不出话来。

加入了麝香的中风醒脑口服液如有神助，何大姐的神志一天天清晰了起来，已经基本可以正常交流，此时的主管医生每天都会定时与何大姐聊天，做数学题，读报纸，评估何大姐的康复情况。李小溪看着妈妈一天天好起来，紧锁的眉头终于舒展开来，脸上重拾了十几岁小姑娘的烂漫的笑容。1 个月之后，何大姐能够下床搀扶行走约 200 米，对答基本切题，1 个半月以后，何大姐基本能够自主活动，生活自理能力基本恢复，与人正常交流。2 个月以后复查各项指标均无明显异常，复查 MRI 显示：皮质下梗死灶消失。医生们再次被这一结果惊呆了，不过这个时候他们已经不再用"神奇""奇迹"等词来形容何大姐的病情，因为他们知道，这一切都不是偶然，在这场与病魔的战争之中，张主任带领的急诊科的医护人员们步步为营，稳扎稳打，何大姐"活下来""醒过来""好起来"，每一次胜利都不是靠运气，也不是靠意念，而是张主任带领的急诊科团队运用扎实的中医功底作为支撑，严谨的辨证论治，清晰的病情转归缔造而成的"人造神话"。

出院那天，何大姐笑成了一朵花，鬼门关里走过一圈的人突然对生命有了新的认识，她紧紧握住张主任的手连连说道："太感谢了！太感谢了！要不是张主任和她的团队，我肯定活不了！"

李小溪看着妈妈从昏迷一点一点地醒起来，从半身不遂一点一点好起来，家又变得和以前一样，心里说不出的高兴。李小溪坐在窗前回忆着过去两个月经历的一切，历历在目又不那么真实，一切开始得突然又发展得太快，像坐过山车一样来来回回的心情折磨着自己和外婆。可幸亏有了张医生，妈妈才得以转危为安，逐渐康复。得病是不幸的，但能得到张医生的救治却是幸运的。她知道妈妈只是千千万万病员中的一人，但是对于自己，妈妈却是整个世界。张医生拯救的不仅仅是妈妈的生命，还有她的整个家庭，甚至是她的未来。张医生的医术像一盏明灯，照亮了疾病的黑暗，张医生的和蔼温柔安抚了疾病带来的不安，张医生的亲力亲为让她在妈妈生病的绝望中感到了生的希望，李小溪有太多的话想告诉张医生，她的感谢、她的感激，却不知道从何说起，于是提笔认真写下一封长长的感谢信，这是她想到她唯一能做的事情。同时李小溪心里暗暗做了一个决定。

李小溪揣着那封满含感激的感谢信再次来到急诊科，被告知张医生恰好出去到病人家做出院随访去了，李小溪只好将感谢信放在护士站，千叮咛万嘱咐护士老师一定要亲手交到张医生手中。

原来张医生去了之前门诊诊治的病人冯大姐的家中，冯大姐两年前车祸外伤导致面部粉碎性骨折，当时医生建议她手术治疗，但是巨额的花费和长达三年的治疗周期让冯大姐望而却步，之后冯大姐听说张医生擅长用中医药治疗疑难杂症便慕名前来，在张医生的治疗下，冯大姐逐渐面部血肿疼痛消退，外观功能恢复如初。冯大姐已经停药3个月了，张医生决定到冯大姐家中随访看看愈后情况。来到冯大姐家中，张医生细心地询问了停药后的情况，仔细检查了冯大姐的面部，查看了复查的CT后又贴心地和冯大姐聊了聊家常后才离开，冯大姐看着张医生远去的背影，心里不禁感慨："多好的医生啊，能遇上这样好的医生，真是修来的福气。"

张医生回到急诊科，收到了护士转交的感谢信，坐在办公桌前安静地看了起来。李小溪稚嫩的笔记，真实的语言都令她动容。

在中医急重症这个令医者闻之生畏的领域行医40多年，遇到各种各样的危重症，遭遇各式各样的难题，每一次她都全力以赴，尽心救治。她是医生，也是母亲，也是女儿，深谙"老吾老以及人之老，幼吾幼以及人之幼"的她在与病魔抗争的战场上，将心比心，用最真挚的情感面对病人，和病人站在一起并肩作战！

时间来到2016年，何大姐还是以前的何大姐，李小溪却已经完成了人生中重要的一次考试，同学们都在为选大学、挑专业左右为难时，李小溪却显得格外轻松，因为那份工整填写着第一志愿"成都中医药大学""中医学"字样的表格早已交到班主任手中。

李小溪的班主任是个帅气的青年小伙子，班主任的家里也有亲人在医院上班，看着这份志愿表有点担忧地说"李小溪，当医生辛苦哦，决定好了？"

"嗯！"李小溪笑着点头。

"什么时候决定的？"班主任看着李小溪坚定的眼神心生疑惑。

"我妈妈住院的时候！"

（谢　荃）

二、向死而生

又是一个值班的夜晚，站在急诊科19楼的窗口望出去，万家灯火，每一盏亮灯的窗口后都有一个故事正在发生。从他们那边望进来，应该也是一样吧，安静夜晚里灯火通明的住院大楼，只是这灯火背后又隐藏了多少生离死别，惊心动魄。

规培已接近一年，见过了不少生死，面对死亡，却始终难以释怀。古代先哲曾说："未知生，焉知死""六合之外存而不论"。从那个时代开始，人便开始回避死亡，直至现在我们都没能逃出文化基因的束缚，从小到大我们受到的教育，教我们如何关爱别人，如何热爱生命，学医以来教我们如何诊断疾病，治疗疾病，却唯独没有教我们如何面对死亡。但作为医生，我们不仅要思考生，也必须要面对死。在急诊科培训期间，张老为我补上了这缺失的这一课，教会我如何面对死亡。

张大爷是一名肺癌晚期的病人，既往有慢性阻塞性肺疾病病史，接诊时情况不算太糟糕，意识清醒，咳嗽咯血，轻微呼吸困难，家属对病人隐瞒了病情，张大爷以为自己和往常一样只是因为老毛病住院。作为管床医生，救治张大爷，一开始我是积极的，内心渴望与癌症抗争，希望凭借现代先进的医疗技术手段为张大爷争取更多时间。治疗过程中，张老数次带领我们查房，组织危重病讨论，制定修正治疗方案，时常深夜也到病房查看张大爷的情况再回家。

但病情进展很快，入院不久张大爷意识水平下降，嗜睡，呼吸功能衰竭，此时张大爷已经安上了胃管、尿管以及深静脉置管，靠佩戴无创呼吸机维持基本生活。身体机能每况愈下让不知情的张大爷焦虑不安，每天仅有的几小时清醒时间，都在烦躁当中度过。此时的我是疑惑的，面对张大爷的衰弱，我既不甘心又束手无策。而张老一如既往从容冷静地查房，只是在查房过程中不仅关注张大爷的病情进展，还时时与家属沟通病情、安抚家属的情绪。

药物没能阻止病魔蚕食张大爷的身体以及精神，到了后期，张大爷变得非常虚弱，一天当中几乎不再有清醒的时候，靠着药物和各种导管维持基本生命。医疗不发达的时候，我们面对重病只有两种结果：要么死，要么活。如今，当代发达的医疗技术在死和活之间开辟了第三条路——拖着。张大爷拖了很长一段时间后，在凌晨发生了呼吸心跳骤停，家属放弃一切有创抢救措施，在经历 4 个月的病痛折磨之后，张大爷终于彻底摆脱了疾病，驾鹤西去。面对张大爷的死亡，我不知道是该松了一口气还是该静思己过。

149

心中太多的疑问得不到解答，跟完门诊，吃饭途中又和张老谈到这个话题，张老淡定又从容，和以往一样亲切又温和地对我说："收治一个病人首先必须全力以赴，疾病面前人人平等，无论他贫富贵贱，也无论他病轻病重。同时要关注病人每一个细微的变化，每一个变化都有可能关乎病人的生死。特别是在急诊领域，我们面对的大多都是危急重症。在死神手里争时间，每一秒都是靠过硬的本事挣来的。"想到张老带我们查房时，观察患者生命体征，仔细询问患者的病情变化，然后详细地进行查体，对比化验单结果，然后制定诊疗方案。正如张老师所说"病人面前无小事"。

张老继续说道："但作为急诊医生，我们也必须要有面对死亡的勇气和正确的态度。在我刚进医院的时候，也遇到过你今天遇到的事情，你面对的也是我当初面对的。"

随后张老给我讲述了她年轻时遇到的病例，患者是个30岁的年轻女性，新婚不久，夫妻恩爱，家庭和睦，体检时被查出系统性红斑狼疮，住院之后虽然经过积极救治但病情急转直下，随后并发狼疮性脑病陷入深度昏迷，医治无效后死亡。豆蔻年华，香消玉殒，面对这样的结果，曾经的张老和我一样无法释怀。可漫长的行医生涯让她渐渐明白，医生，只能治病，不能救命。生老病死，是人之常情，作为医生，我们更应该接受这个道理。《传道书》说："生有时，死有时；栽种有时，拔出有时。"死亡，是生命的常态，当疾病已经走到了不可治愈的末期，这时候治疗唯一的作用，是延缓他临终的过程。那么作为医生我们能做的便是做好临终关怀，关怀病人也关怀家属。面对病人我们能做的，正如特鲁多医生的墓志铭："偶尔治愈，常常帮助，总是安慰。"

不要为了粉饰太平安慰家属，不要盲目地鼓励家属，因为你不知道你虚伪的鼓励可能会关闭他们与患者最后的沟通渠道，也可能关闭医生与家属之间信任的通路。作为医生，承认医疗的局限性，面对死亡，是接受死亡的第一步。

听了张老的教导，我突然释怀了许多，面对张大爷的离去心中虽有难过，但最终还是放下了。张大爷住院时，张老带领我们倾心救治，张大爷弥留之际张老带领我们安慰家属，不是告诉家属"加油，没事的"，而是告诉他们"多陪陪他，多聊聊天，趁他还清醒"；不是告诉家属"他今天看起来还不错"，而是告诉他们"人都会死，不是今天，也在某一天"，比起秘而不宣，这也许比较残忍，但也正是这样，为张大爷和他的家属争取了更多交流的时间，同时让家属做好心理准备面对即将发生的一切。最后尽管张大爷去世，但想来一路上我们也算拼尽全力不留遗憾。

张老教导我们作为急诊科医生，要练习面对死亡。疾病只能剥夺病患的生命，却无法剥夺病患的尊严和情感。我们的文化里没有教我们面对死亡，但我们的病人却教会我们如何面对。每一个去世的病人，都是我们最好的老师。正因为我们见了血淋淋的死，所以才要用更饱满的热情和精进的医疗技术面对病人鲜活的生命。

生死有命时，我愿如您那般，治病救人倾尽全力，向死而生。

（谢　荃）

三、给张晓云老师的一封信

晚上回宿舍打开微信，看到有一条语音消息，虽然不知道是什么，但是看到熟悉的头像，很激动，很兴奋，我知道是谁——我的导师，大学七年中，亦是当前人生路上，对我影响最大的人。

我一直很庆幸自己能成为老师的学生，老师经常对我们说，我们大家能成为师生，是一种缘分，为什么没有和其他人或者其他老师建立师生关系，这就是缘分，老师把学生当成自己的孩子看待，下了门诊会和学生一起吃吃饭，聊聊天，散散步，那种感觉真的很亲切，很温馨。

记得当初老师给我们上中医急诊学，并没有教条地按照书本的套路来讲，而更多地体会学习的方法、做人做事的道理，有些至今我仍记忆犹新。她讲到自己当初如何克服各种困难，挑着自己科研药物坐火车去外地医院进行合作，经常守着病人床边看服药后反应，最后进行疗效的判定等等。这其中肯定困难重重，但老师坚持下来了，而且在给学生讲这些的时候也并没有炫耀之意，更多的是语重心长的教诲，教导我们年轻时候多吃点苦，没坏处的，也告诫我们,做事情不要太在意结果如何,只要用心去做,能从中有所收获,又何必过分在乎结果如何,仔细想想,又何尝不是呢?

"劳者多能",这是老师经常跟学生们说的话。看似很简单的四个字,是老师一生辛勤工作的真实写照。她讲到自己当初做科研,写标书的时候,都是自己一字一字写出来的,修改过很多次,被否定过很多次,但是一直自己琢磨着,最后标书越写越好,科研水平也越来越高。同样临床上也是任劳任怨,事情做得越多,越能锻炼人,也经常给学生布置各样的任务,来锻炼学生的不同能力。更难能可贵的是,她会根据学生的性格、能力等因素来给不同学生分配不同的任务,这样每个人都能充分发挥自己的特长和优点,不断提高自己。做到这一点,是需要很用心的,老师正是为学生相当走心的人,这一点并不是所有老师都能做到的。

明代裴一中《言医·序》中说:"学不贯今古,识不通天人,才不近仙,心不近佛者,宁耕田织布取衣食耳,断不可作医以误世。"后来医学泰斗,中国外科之父裘法祖院士也提出:"德不近佛者不可以为医,才不近仙者不可以为医。"这一点也正是老师教育我们的"做事先做人"。老师经常语重心长地给学生讲一些自己遇到的真实的事情教育我们,一个人的性格、人品有时候比自己掌握的技能更重要,作为一名医生,医德更为重要,病人生病来找医生,本身就忍受着身体上的痛苦,如果不能设身处地地为病人着想,对病人的态度很生硬,这无疑给病人增加了心理上的痛处。这不应该是行医之人的作为。临床上老师更是"进与病谋,退与心谋",已近花甲之年,老师仍孜孜不倦地上着门诊,一周四个门诊,门诊量不少,老师一直坚持这么多年。老师看病很慢,这是学生和病人都知道的,每个病人都看得很仔细,不问清楚,不解释清楚病情不会轻易处方。对于一些西医无从下手的疑难疾病,老师总能找到新的诊疗思路。拿焦虑抑郁症来说,病人一进来,老师就很客气、很有信心地对病人说,你这个可以治好,需要时间,需要你和医生的配合,但是更多的是在自己的调整。我们知道,这是对于焦虑抑郁症更为重要的一种治疗,精神安慰。医生首先要自信,要给病人希望,医生和病人其实是一条战线的,共同的敌人是疾病。经过这样的心理开导,加上中草药的治疗,经治的病人也一次比一次好转,为了能让我们更好地学习,老师让我们记录下了这些病例，为以后科研论文准备材料。老师在处方的时候，尤其是在加减药物的时候，都会念出来，刚开始我们还不懂，后来老师告诉我们这是为了我们能够更好地学习，方药如何加减老师心里自然有数，说出来给学生听，这样学生就能更好地理解这加减方药中的道理。老师看病慢，与其说慢，我觉得看病仔细耐心更为合适。老师从来都是自己敲打键盘操作电脑，老师接触计算机相对比较迟，对于电脑操作不是很熟练，学生操作电脑肯定会快一些，但是老师执意自己操作，学生们担心老师身体吃不消，她解释说，你们总有一天要离开我，我如果不自己操作电脑的话，那学生都走了，那我不就看不了病了，听到这里，学生们无不感动落泪。老师总是设身处地为病人、学生着想，甚至都忽略了自己。记得以前值班，每次到凌晨0时许，都会看到老师从办公室出来，准备回家，望着老师单薄的身躯，想想繁重的工作强度，真为老师身体担心，只恨自己不能为老师分担更多。

"凡大医治病，必当安神定志，无欲无求，先发大慈恻隐之心，誓愿普救含灵之苦……"孙思邈的这段话主要是强调医德。他认为医道是"至精至微之事"，要求医者要有高尚的品德修养，以"见彼苦恼，若己有之"感同身受的心，策发"大慈恻隐之心"，进而发愿立誓"普救含灵之苦"，且不得"自逞俊快，邀射名誉""恃己所长，经略财物"。在这方面，老师在学生面前做好了榜样，每次给病人处方之前，都会很详细询问病情，有时重要的信息会重复几次避免遗漏，关于中药熬药方法的问题，总是不厌其烦地给病人讲，甚至具体到第二次熬药加水的时候一定加温水（若加冷水则灸热砂罐会开裂）。老师有个习惯，病人如果没有开处方，就不算看过病，挂号单就留着下次再看，即便已经开了相关检查单。她总是跟我们说，大多数人都是平头百姓，不是什么达官显要，能为病人节省就要尽量节省，不必要的检查和药物绝对不开，有时遇到经济条件困难的病人，一个号可以看两到三次。给我最深的是一位老婆婆经常一个人来看病，没家人陪，家庭条件不太好，每次老师都说"您别挂号，直接来看"，婆婆执意要挂号，老师就让她下次同样用这个号再来看，不用额外挂号，当时在场的病人都看在眼里。类似这样的情况，门诊上遇到的数不胜数。有一次，一个病人，没听懂老师的意思，挂号做了检查和化验，拿到结果，又挂号了，老师知道这事了以后直接掏出钱拿给那个病人，当时在场的人都惊呆了。那位病人也执意不拿老师的钱，最后老师就只有让他下次继续用这次的号来复诊。试想，如果不是从病人的角度考虑，老师会做出这样的举动吗？医德医风方面，老师永远是我们的榜样！

很早就想写点什么，来表达对老师教导的感激，直到今晚惊喜地收到老师的微信，关心学生的近况，就再也抑制不住内心的情感。虽然只是老师一段简短的语音消息，对学生而言却是莫大的鼓舞激励。

"师者，所以传道授业解惑也……"您传授给我们的不仅是临床的医学知识，更多的是教给我们做人做事的道理！老师，谢谢您！

（谢　荃）

四、张晓云获评全国卫生计生系统先进工作者新闻稿（2017年）

为表彰先进，弘扬正气，激发卫生计生系统广大干部职工的工作积极性和创造性，进一步推动卫生计生事业发展，由人力资源社会保障部、国家卫生计生委、国家中医药管理局共同组织评选出一批全国卫生计生系统先进集体、劳动模范和先进工作者及"白求恩奖章"获得者。经8月1日—7日公示，拟表彰全国卫生计生系统"白求恩奖章"获得者20名、先进集体255个、先进工作者718名、劳动模范57名。成都中医药大学附属医院大内科兼急诊科主任、博士生导师张晓云教授获全国卫生计生系统先进工作者。

张晓云教授，任中华中医药学会急诊分会和脑病分会副主委，世界中医药联合学会急诊分会副会长，中国民族医药学会急诊分会副会长，卫生部国家临床重点专科和重点学科负责人暨学科带头人，是全国第五届老中医药专家师承导师，四川省名中医，四川省学术和技术带头人，享受国务院特殊津贴的专家。张晓云教授带头践行"敬佑生命、救死扶伤、甘于奉献、大爱无疆"的职业精神，全心全意为人民健康服务，为推进卫生计生事业发展作出积极贡献。

1. 继往开来，开拓四川中医急诊新局面

作为急诊科主任、学术带头人，她秉承治学严谨、刻苦钻研，开拓创新的精神，勤求博采，继往开来，为四川中医急诊事业发展做出了巨大的贡献。

她继承和整理了全国名中医、全国中医药师承导师陈绍宏教授的学术思想，其中关于中风病病因病机的《中风病机核心论》被编入多部国家规划教材。带领团队将"复元醒脑、逐瘀化痰、泄热熄风法应用于治疗急性脑出血"推广到全国33家大中型医院，明显降低了急性脑出血患者的病死率、致残率，提高了患者的生存质量。参与研制的中风醒脑口服液临床疗效显著，达到国内同类研究的领先水平，目前已在临床上广泛使用。

针对基层肺心病发病率较高、疗效差，病人经济条件差的情况，带领团队联合攻关，完成了"肺心病急性发作期中西医结合综合治疗方案"的系列研究，该成果于2009年9月正式推广全国，至今已为11个省、自治区培训各级医师1.25万多名，该方案是中华人民共和国成立以来四川省在全国推广的第一个十年百项卫生技术项目。

应用仲景学说治疗感染性发热的"重三经，定四型"理论，研制成新药散寒解热口服液，获得专家鉴定小组认可，并已纳入卫生部《流行性感冒诊疗指南（2011版）》。总结了一系列疾病的中医优势病种临床方案，牵头了急乳蛾病、血脱病的中医临床路径工作。

她努力占领中医急诊学术高地。带领团队先后完成了7项国家级课题、15项部省级课题、2项国际合作项目的研究工作，获得部省级科技进步二等奖四项、三等奖一项，国家新药证书一项。先后担任西部精品教材《中西医临床危重病学》主编，"十二五"国家规划教材《中医急重症学》《中医急诊学》及《中西医结合急诊内科学》副主编，全国高等中医药院校研究生教育卫生部"十一五"规划教材《中医急诊临床研究》副主编。正在编写全国高等院校研究生教育卫生部"十三五"规划教材《中西医结合急救医学临床研究》。

经过张晓云教授带领的团队不懈努力，附属医院急诊科不断丰富和完善"全国中医急症医疗中心"的内涵建设。2000年建立博士点，是迄今为止我

国西部地区唯一培养中医急诊学博士研究生及博士后人员的学科；2007年成为"全国中医、中西医结合急诊临床基地"和"全国重点专科专病中风病"建设单位，2009年成为国家中医药管理局中医急诊学重点学科，2011年成为卫生部首批国家中医急诊重点专科建设单位，巩固了医院急诊科在全国中医急症医疗、教学、科研综合实力的领先地位，为四川中医急诊开创了新局面。

2. 仁心仁术，和合济世，践行大医精诚

作为急诊医生，医术精湛。2008年5月在抢救汶川里氏8.0级特大地震伤员过程中，她顾不上家中年迈的父母，组织全科同志积极投入到救治伤员的一线工作中，该科医务人员到重灾区都江堰救治了大批伤员。2009年协助陈绍宏教授执笔起草"四川省甲型H1N1流感中医防治方案"，为卫生部提供了重要防治依据，研制的新药散寒解热口服液已被卫生部《流行性感冒诊疗指南（2011版）》收入。

以身作则，视病人如亲人，以院为家。她对病人有着深切的同情心和高度的责任感，在医疗工作中，不管病人的地位高低、贫穷或富有，不管是生人或朋友，她都会视如亲人，精心诊治，最大程度为患者减轻痛苦。为了方便病人随时咨询病况，她把自己的电话号码给了经她诊治的每一个患者，不管何时何地，只要接到病人的电话，她都耐心回答，细致解释，直到病人满意为止。她和她的团队始终坚持与患者保持良好的沟通和交流，特别是对一些急危重症而且经济状况不佳的患者更是关心体贴，提供无私的帮助，如有一女性患者，67岁，在某医院确诊为骨髓异常增生综合征，被告知只有2年生存期，因家境困难，无法承担昂贵的住院费用，张晓云教授为她精心诊病11年，从未收取诊费，而且用药精到，富有疗效，不仅解决了患者的经济负担，还成功地延长了患者的生存期。

张晓云教授从事临床一线工作38年，工作夜以继日。她带领全科医务人员刻苦钻研业务技术，定期组织科内业务学习，遇到疑难病例及时组织医生讨论，优化诊疗方案，帮助患者渡过难关。对高危病人更是站在抢救第一线，直至病人转危为安。她注重年轻医生的成长，要求他们必须树立良好的医德医风，努力提高业务水平，培养出了一支医德高尚，临床技能过硬的队伍。

参考文献

[1] 谢荃,李艳青,陈均莉,等.对卒中后认知障碍的中医病机认识[J].北京中医药大学学报,2022,45(10):1077-1080.

[2] 金伟,卢云,赵文,等.和胃通泻合剂治疗急性胰腺炎临床疗效观察[J].四川中医,2022,40(4):97-101.

[3] 刘磊,张宏,陈绍宏,等.中风醒脑液组方中药治疗卒中的药理作用研究进展[J].中药药理与临床,2021,37(02):227-233.

[4] 金伟,赵文,郭晓辉,等."益气和胃、通腑泻浊法"治疗急性胰腺炎理论探讨[J].四川中医,2020,38(10):35-37.

[5] 张洪,谢礼丹,张晓云.论老年衰弱的核心病机与治疗法则[J].中医临床研究,2020,12(25):46-48.

[6] 谢荃,李艳青,张玉,等.张晓云从肝脾不和论治郁证的临床经验[J].中国民间疗法,2020,28(14):22-23.

[7] 时文远,王正君,张晓云.关于处方中中药剂量的思考[J].江苏中医药,2019,51(1):70-72.

[8] 黎辉,武紫晖,张晓云.中风病病机与治法方药探析[J].医学信息,2018,31(19):150-151.

[9] 张洪,唐虎,张晓云.论急性眩晕症的核心病机与治疗法则[J].中医临床研究,2018,10(16):29-30.

[10] 余旭超,唐虎,张晓云.仲景"去滓再煎法"浅析[J].湖南中医杂志,2017,33(3):121-122.

[11] 赵文,王知兵,卢云,等.麻桔喘咳口服液治疗慢性阻塞性肺疾病急性加重期急诊留观病人疗效观察[J].亚太传统医药,2017,13(2):129-132.

[12] 王筠,张晓云,侯维维,等.益气活血散治疗颈动脉粥样硬化的临床疗效[J].辽宁中医杂志,2016,43(12):2558-2560.

[13] 余旭超,张晓云.张晓云教授运用益气活血法治疗特发性肺间质纤维化临证经验[J].亚太传统医药,2016,12(21):100-101.

[14] 何金波,张晓云.川芎茶调散合羌活胜湿汤治疗偏头痛随机平行对照研究[J].实用中医内科杂志,2016,30(5):96-98.

[15] 李宗林,宋阳,张晓云.新探半夏泻心汤在临床中的应用[J].亚太传统医药,2016,12(6):60-61.

[16] 王雪,何金波,唐虎,等.张晓云教授运用黄连苏叶汤加味治疗胆汁返流性胃炎的临床经验[J].中药与临床,2016,7(1):48-49.

[17] 张怡,张洪,张晓云.益气活血法对脑出血恢复期患者神经功能、残疾程度及运动功能的影响[J].中国中医急症,2015,24(12):2202-2204.

[18] 李剑飞,庄锦莉,郭晓辉,等.张晓云教授运用止嗽散合川芎茶调散加减治疗气郁咳嗽临证经验[J].亚太传统医药,2015,11(22):69-70.

[19] 王涣群,张晓云.脑出血急性期通腑与大补元气的关系[J].光明中医,2015,30(9):1977-1978.

[20] 卢云,李明非,张晓云.大剂量活血化瘀中药治疗脑出血后迟发性脑水肿疗效观察[J].北京中医药,2015,34(7):523-525.

[21] 胡瑞,张晓云,苏玉杰,等.张晓云教授诊治顽固性高血压经验[J].现代中医药,2015,35(4):8-9.

[22] 胡瑞,张晓云,苏玉杰,等.益气活血散对颈动脉粥样硬化患者斑块影响的临床研究[J].云南中医中药杂志,2015,36(5):33-35.

[23] 苏玉杰,董琼芬,胡瑞,等.中西医结合治疗消化性溃疡并失血性休克疗效观察[J].现代中西医结合杂志,2015,24(7):722-724.

[24] 时文远,张晓云,苏玉杰,等.加味桃红四物汤对频发性TIA继发缺血性脑卒中的影响——附53例临床资料[J].江苏中医药,2015,47(2):28-29.

[25] .经方在急性发热疾病中的应用[C]// 2014年中华中医药学会急诊分会年会暨急诊医学培训班论文集,2014:35-37+15.

[26] 张晓云,高培阳,卢云,等.中医综合治疗出血性脑梗死30例临床观察[C]//.2014中国医师协会中西医结合医师大会论文摘要集.,2014:114.

[27] 张怡,陈绍宏,张晓云.中风醒脑口服液结合康复训练早期干预缺血性脑卒中后运动功能障碍临床研究[J].时珍国医国药,2014,25(8):1903-1904.

[28] 江波,张晓云.香砂六君子汤影响肠内营养的疗效观察[J].中国中医急症,2014,24(8):1567-1568.

[29] 卢云,金伟,张晓云,等.中西医结合治疗肺心病急性发作期120例临床观察[J].中国临床医生,2014,42(5):71-75.

[30] 张怡,陈绍宏,雷枭,等.中西医结合治疗慢性肺原性心脏病急性加重期并消化道症状60例临床观察[J].中医杂志,2014,55(7):580-582.

[31] 张怡,张晓云.益气调营法治疗表虚气陷腹泻型肠易激综合征临床观察[J].中国中医急症,2014,23(3):496-497.

[32] 卢云,张晓云.中西医结合综合方案治疗24例脑出血后脑积水的临床观察[J].中国中医基础医学杂志,2014,20(2):271-273.

[33] 郭留学,张晓云,高培阳,等.桃核承气汤加减治疗危重患者并发腹内高压临床观察[J].中国中医急症,2014,23(1):128-129.

[34] 李艳青,谢荃,张晓云.中风醒脑液对体外培养缺血再灌注PC-12细胞SOD活性及MDA含量变化的影响[J].中国中医急症,2013,22(11):1821-1822+1829.

[35] 冷建春,张晓云,谭燕.参七复脉方对气虚血瘀型急性心肌梗死患者颈动脉粥样硬化影响的临床研究[J].中国全科医学,2013,16(34):3397-3400.

[36] 王涣群,张晓云.湿温发热不可过用寒凉浅析[J].中国中医急症,2013,22(6):955-956.

[37] 江波，张晓云. 中西医结合治疗重症急性胰腺炎的临床观察[J]. 中国中医急症，2012，21（12）：1911-1912.

[38] 张洪，于晓敏，张晓云. 论慢性阻塞性肺疾病急性加重期治疗法则[J]. 中国中医急症，2012，21（11）：1792+1796.

[39] 张晓云，林钰久. 活血化瘀中药复方治疗急性脑梗死的系统评价[J]. 中国中医急症，2012，21（8）：1224-1227.

[40] 张晓云，黄斌. 论出血性中风急性期的中医药治疗[J]. 中国中医急症，2012，21（7）：1059+1069.

[41] 张晓云，张怡. 协定处方2号治疗肺心病急性加重期临床疗效观察[J]. 四川中医，2012，30（7）：80-82.

[42] 张晓云，金伟，陈绍宏. 复元醒脑法对351例急性脑出血临床验证观察[J]. 辽宁中医杂志，2012，39（6）：968-971.

[43] 张晓云，张怡. 从痰辨证论治脑梗死后出血性转化的临床观察[J]. 中国中医急症，2012，21（6）：861-862+877.

[44] 李艳青，谢荃，张晓云. 中风醒脑液对体外培养缺血再灌注PC-12细胞GAP-43和NF蛋白表达的影响[J]. 辽宁中医杂志，2012，39（5）：938-939.

[45] 谢荃，李艳青，张晓云. 中风醒脑液对大鼠缺血再灌注的保护作用和治疗时间窗[J]. 辽宁中医杂志，2012，39（5）：946-948.

[46] 李艳青，张晓云. 中风醒脑液SD大鼠含药血清对体外培养神经细胞缺血再灌注损伤保护作用的实验研究[J]. 辽宁中医杂志，2012，39（3）：560-561.

[47] 张洪，张晓云. 龙胆泻肝汤合红龙夏海汤治疗高血压危象临床体会[J]. 西部中医药，2012，25（3）：67-69.

[48] 李艳青，张晓云. 中风醒脑液SD大鼠含药血清对体外培养神经细胞缺血再灌注损伤保护作用的实验研究[J]. 辽宁中医杂志，2011，38（10）：2089-2091.

[49] 王筠，张晓云，程建明. 中西医结合综合治疗肺心病急性期122例[J].

南京中医药大学学报，2011，27（5）：424-427.

[50] 张晓云，陈骏.活血化瘀中药复方治疗急性脑出血神经功能缺损系统评价[J].中国中医急症，2011，20（7）：1106-1107+1195.

[51] 谢荃，张晓云.中西医结合方案改善急性脑梗死患者神经功能缺损情况临床疗效观察[J].辽宁中医杂志，2011，38（6）：1169-1170.

[52] 叶光宏，张晓云.中风醒脑液治疗出血中风的机制探讨[J].中国中医急症，2011，20（3）：389-390.

[53] 张晓云，冷建春，郭小刚，等.中西医结合方案对脓毒症的疗效及对部分血清免疫学指标的影响[J].中国中医药现代远程教育，2010，8（18）：160-161.

[54] 卢云，张晓云.中西医结合综合方案治疗脑出血急性期并发肺部感染临床观察研究[J].中国中医药现代远程教育，2010，8（18）：162-163.

[55] 陈绍宏，张晓云，李小刚，等.中风醒脑口服液治疗急性脑出血的随机、双盲、安慰剂平行对照的临床研究[C]//国家中医药管理局脑病重点研究室建设研讨会暨中风病科研成果推广交流会论文汇编，2010：33-43.

[56] 活血化瘀中药复方治疗急性脑出血神经功能缺损系统评价[C]//2010全国中西医结合危重病、急救医学学术会议论文汇编，2010：74-75.

[57] 黄斌，张晓云，王筠，等.中西医结合治疗肺源性心脏病急性发作期合并呼吸衰竭临床研究[J].中国中医急症，2010，19（3）：372-373+411.

[58] COPD的中医病机特点浅谈[C]//2009年中华中医药学会内科分会全国中医内科临床科学研究专题研讨会论文汇编，2009：25-28.

[59] 张怡，张晓云.宣肺化痰法治疗慢性肺源性心脏病急性发作期疗效观察[J].成都中医药大学学报，2009，32（2）：8-10.

[60] 王筠，张晓云，黄斌，等.宣肺平喘、温阳利水法治疗肺心病急性发作期合并心衰临床观察[J].中国中医急症，2008（11）：1497-1499+1505.

[61] 彭涛，刘英辉，陈绍宏，等.人参皂苷Rg1对原代培养胎鼠脑神经细

胞存活和可塑性的影响[J]. 华西医学, 2008（1）: 106-107.

[62] 徐学功, 张晓云, 成玉. 中西医结合综合治疗方案对肺心病急性发作期血清免疫球蛋白的影响[J]. 中医药管理杂志, 2007（9）: 705-706.

[63] 李康, 张晓云. 中西医结合治疗慢性阻塞性肺疾病急性加重期28例[J]. 中医杂志, 2007（3）: 242-243.

[64] 张晓云, 肖玮, 张怡. 中西医结合综合治疗方案治疗肺源性心脏病急性发作期临床研究[J]. 中国中医药信息杂志, 2007（3）: 50-51.

[65] 卢云, 张晓云, 黄宁, 等. 宣肺平喘、温阳利水法对肺心病急性加重期合并周围性水肿ADH的影响[J]. 中国中医急症, 2007（1）: 7-9+18.

[66] 陈绍宏, 张晓云, 张怡. 综合治疗肺心病急性发作期临床研究[J]. 中国中医急症, 2006（12）: 1313-1314.

[67] 卢云, 张晓云, 黄宁, 等. 宣肺平喘、温阳利水法对肺心病急性加重期合并周围性水肿患者抗利尿激素的影响[J]. 中国中医药信息杂志, 2006（12）: 9-11.

[68] 独参汤治疗慢性充血性心力衰竭的临床观察[C]//中华中医药学会第六届急诊学术年会论文集, 2006: 133-138.

[69] 郭建文, 张晓云, 兰万成, 等. 陈绍宏教授"中风核心病机论"[J]. 天津中医药, 2006（1）: 7-9.

[70] 郭建文, 何迎春, 陈绍宏, 等. Beagle犬含药脑脊液干预皮层神经元出血损伤细胞凋亡时间窗的实验研究[J]. 中西医结合心脑血管病杂志, 2005（10）: 884-886.

[71] 郭建文, 何迎春, 陈绍宏, 等. Beagle犬含药脑脊液干预急性脑出血体外细胞模型时间窗的实验研究[J]. 中药材, 2005（10）: 68-71.

[72] 江波, 张晓云. 参附注射液治疗病态窦房结综合征的研究概况[J]. 现代中西医结合杂志, 2005（19）: 2615-2616.

[73] 陈绍宏, 张晓云. 中风醒脑口服液治疗急性脑出血临床研究[J]. 中国中医急症, 2004（12）: 793-794+878.

[74] 张晓云, 卢云. 溃疡止血口服液治疗上消化道大出血临床研究[J]. 中

国中医急症，2004（9）：583-584.

[75] 张晓云，岳仁宋，张静. 热必宁颗粒治疗风热感冒卫气同病证临床研究[J]. 中国中医急症，2001（1）：13-15.

[76] 张晓云，岳仁宋，张静. 中医治疗门静脉主干血栓形成 1 例[J]. 中国中医急症，2000（1）：44.

[77] 张晓云，兰万成，张静. 中风醒脑口服液治疗急性脑出血 56 例临床疗效分析[J]. 中国中医急症，1999（4）：148-151+193.